最新図解

失敗学

Knowledge of Failure

失敗から学び、創造に生かす

東京大学名誉教授
畑村洋太郎 著

ナツメ社

はじめに

"失敗学"のスタートは、私が専門とする機械工学の世界での「失敗」を扱った『続々・実際の設計—失敗に学ぶ』を出版（1993年）したことからです。専門書にもかかわらず、様々な分野の人たちに読まれ、ビジネスマンや企業経営者からも多くの反響が寄せられました。

さらに、"失敗学"の名が知られる切っ掛けとなったのが、2000年に出版した『失敗学のすすめ』です。この間、「失敗」に少しずつ光が当たり、"失敗学"そのものも進化し広がり、世間に認知されたことを感じています。その延長でしょうか、2011年の福島原発事故における政府事故調の委員長職が私に白羽の矢として飛んできたのかもしれません。

ところが、相変わらず大きな失敗が社会を騒がせている現実があります。福島の原発事故を思い出すまでもなく、起きたあとの対処を間違えたことで、問題を大きくしているケースも目につきます。残念ながら、失敗がきちんと学ばれていない、その結果です。

日本が少しずつ閉塞状況から脱しようというときに、ムダな失敗が起きることは腹立たしいかぎりです。私は、今もあらゆる分野で失敗をきちんと学ぶことが、必要だという思いを強く持っています。さらに、失敗を分野を超えた共有知識とすることで、ムダな失敗を可能な限り避け、さらなる創造へとつなげることが出来ると確信しています。

2006年に出した旧版『図解雑学・失敗学』は、そうした思いを込めた解説書として、失敗学の基礎知識から具体的な失敗の運用の仕方までを次の6章にまとめたものでした。

第1章、第2章では、失敗とは何か、失敗情報のもつ性質とは何か、という「失敗学の基本知識」を紹介。

第3章では、様々な「失敗事例」の紹介。

1

第4章では、失敗を「創造」の過程にどのように取り入れるか、その考え方を説明。

第5章、第6章では、個人としてあるいは組織のリーダーとして、失敗とどう向き合ったらよいかを具体的に説明。

そして今回、『**失敗学から探る福島原発事故**』という視点に立って、原発事故を改めて総括し直し、第7章、第8章として追加し、改訂新版としました。これは、政府事故調における最終報告書を基にしたダイジェスト版という訳ですが、この2章を読めば、原発事故の全容とその原因（第7章）、そして、そこから得られた教訓や今後の取組み（第8章）について、十分な理解が過不足なく得られると自負しております。

ですから、この2章を他の章と切り離し、独立したものとして読んでも差し支えありません。そこで、私としましては、この2章分を別冊のような体裁にしていただくことを編集部にお願いした次第なのです。

人は誰でも失敗をします。そして、その失敗を学ぶことによって成長し、進歩し、強くなるのです。

本書を通して、多くの方に失敗に学ぶことの大切さを理解していただき、様々な閉塞状況に囲まれた現実に立ち向かう際の一助となれば、著者としてこれに優る喜びはありません。

2015年7月20日

畑村　洋太郎

目　次

はじめに ………………………………………………… 1

第1章　失敗を知る　その基礎知識

なぜ、こんなに致命的な失敗が続くのか ………………… 14
- 失敗が正しく学ばれ、生かされていない
- 失敗のもつ負のイメージ

失敗が成功の母になるには ………………………………… 16
- 失敗のプラス面　●失敗は失敗のもと　●「失敗」の定義

失敗、その正しい理解のしかた …………………………… 18
- 失敗の「原因」と「結果」　●逆演算で失敗原因を知る

失敗には階層がある ………………………………………… 20
- 失敗の現れ方と原因の階層性
- ピラミッドを上がるほど、失敗は深刻になる

よい失敗、悪い失敗とは …………………………………… 22
- よい失敗　●悪い失敗

失敗は成長する、そして …………………………………… 24
- 失敗の「核」　●失敗が成長する前につぶす

失敗は、確率現象である …………………………………… 26
- ハインリッヒの法則　●ヒヤリ体験は、大失敗の予兆

失敗原因は10に分類できる① …………………………… 28
- 失敗原因－①未知　●失敗原因－②無知
- 失敗原因－③不注意

失敗原因は10に分類できる② …………………………… 30
- 失敗原因－④手順の不順守　●失敗原因－⑤誤判断
- 失敗原因－⑥調査・検討の不足

3

失敗原因は10に分類できる③ ………………………………32
　●失敗原因－⑦制約条件の変化　●失敗原因－⑧企画不良
　●失敗原因－⑨価値観不良　●失敗原因－⑩組織運営不良
よくある失敗①別の部署で同じような失敗の繰り返し………34
　●樹木構造による思考　●樹木構造の組織の落とし穴
よくある失敗②隠れたリンクに気づかない………………………36
　●「見えないリンク」が失敗を誘発する
　●部品と部品の間のリンクに気づかない
よくある失敗③途中変更による失敗………………………………38
　●樹木構造は情報断絶を起こしやすい
　●「最終計画」を「最終」にしておく
よくある失敗④手配・連絡漏れによる失敗……………………40
　●人事異動による情報断絶　●情報断絶は諸悪の根源
コラム◆建築設計に思うこと ………………………………42

第2章 失敗情報が伝達されるとき

失敗をしたとき①当事者の頭に浮かぶこと……………………44
　●失敗をしたとき、すぐに頭に浮かぶ事柄
　●時間が経過したときに頭に浮かぶ事柄
失敗をしたとき②組織のトップの頭に浮かぶこと……………46
　●失敗をしたとき、トップは　●人はみな弱い
失敗情報の性質を知る① …………………………………………48
　●失敗情報は時間が経つと減衰する
　●失敗情報は単純化する
失敗情報の性質を知る② …………………………………………50
　●失敗情報は歪曲化される
失敗情報の性質を知る③ …………………………………………52
　●失敗情報はローカル化する
　●失敗情報は組織内を上下動しない
　●失敗情報は横にも伝わらない

4

失敗情報の性質を知る④ ……………………………………54
- ●失敗情報は神話化する
- ●失敗情報は伝承されにくい

失敗情報をどう伝えるか ……………………………………56
- ●多くの企業で行われていること

失敗は「知識化」しなければ伝わらない……………………58
- ●失敗の脈絡　●失敗の「知識化」

6項目による失敗の伝達① ……………………………………60
- ●事象の記述　●経過の記述
- ●原因の記述　●対処についての記述

6項目による失敗の伝達② ……………………………………62
- ●総括の記述　●知識化の記述

ヒヤッとした体験が大切だ～私の失敗 ……………………64
- ●学生たちに伝える私の失敗体験

失敗体験は欠かせない ………………………………………66
- ●体感が大事だ　●失敗から真の理解へ

失敗を学ぶ効果 ………………………………………………68
- ●失敗情報を学習していないと

失敗情報の利用 ………………………………………………70
- ●「知識」の伝達　●JSTの失敗知識データベース

失敗情報の伝達 ………………………………………………72
- ●失敗情報の伝達方法

コラム◆「失敗」を第三者により聞き取るとき ……………74

第3章　失敗に学ぶということ

社会の発展に不可欠だった三大事故① …………………76
- ●アメリカの戦時標準船の破壊沈没事故
- ●世界初のジェット旅客機コメットの墜落事故

社会の発展に不可欠だった三大事故② …………………78
- ●アメリカの吊り橋、タコマ橋の崩落事故

5

全線ATS化につながった列車事故 ················· 80
- 常磐線三河島駅での列車二重衝突
- 国鉄全線にATSを設置

トンネル火災対策がまったく見直された ············· 82
- 北陸トンネルでの列車火災事故

大地震の経験が大事故を防いだ ··················· 84
- 新潟中越地震による上越新幹線の脱線

失敗を探る～大型自動回転ドア事故① ············· 86
- 大型回転ドアに挟まれる事故　● 原因究明と責任追及
- ドアプロジェクトを発足する

失敗を探る～大型自動回転ドア事故② ············· 88
- ドアには大きな危険が潜んでいた
- 仮想演習が大事

失敗を探る～大型自動回転ドア事故③ ············· 90
- 情報断絶による事故　● 暗黙知を生かせ

失敗を探る～繰り返される鉄道事故① ············· 92
- JR福知山線脱線事故　● 事故を矮小化するな

失敗を探る～繰り返される鉄道事故② ············· 94
- 信楽高原鉄道事故
- しなやかさを失ったとき組織は

失敗を探る～繰り返される鉄道事故③ ············· 96
- 営団地下鉄日比谷線脱線衝突事故
- 真の原因は隠れたがる

国産宇宙ロケットは「失敗」か ····················· 98
- H2A-6号機の打ち上げ失敗

コラム◆失敗に光を—失敗博物館 ················· 100

第4章　失敗が創造を生む

失敗から定式化する ····························· 102
- 定式は過去の失敗の積み重ね　● 定式をつくる

アイデアのタネをばらばらに落とす ……………104
- ●創造のはじめの過程
- ●アイデアのタネは孤立し、結びつきもない
- ●アイデアのタネに制約をつけない

ばらばらに脈絡をつける ……………106
- ●とにかく始点から終点まで結ぶ　●仮説立証
- ●思考のけもの道

さらに仮想演習が不可欠 ……………108
- ●仮想演習

アイデアを得るにはどうすればよいか ……………110
- ●水平法　●思考演算法
- ●対話法　●ブレインストーミング法

思いつきノートを活用する① ……………112
- ●アイデアを忘れてむだにしない
- ●思いつきノート1枚目

思いつきノートを活用する② ……………114
- ●思いつきノート2枚目　●脈絡をつける

思いつきノートを活用する③ ……………116
- ●思いつきノート3枚目　●思いつきノート4枚目

アイデアを整理する ……………118
- ●思考展開図　●思考展開図は創造に便利

課題設定をする ……………120
- ●「課題」は行動を起こすときのテーマ　●課題設定の例

思考展開図を使う ……………122
- ●前項の課題設定の例を、思考展開図で
- ●考えに抜けはないか

頭に「知の引き出し」をつくる ……………124
- ●知の引き出し　●ラベルを貼る
- ●引き出しは3本以上

コラム◆創造は、突然生まれない ……………126

7

第5章 失敗と向き合う 組織の中の個人

失敗を恐れてはなにも始まらない ……………128
- 自分の影におびえる
- 制約条件は、常に変化する

千三つの法則 ……………130
- 新たなチャレンジをするとき
- 成功率を上げるには

自分で考え行動する ……………132
- 「安全な道」が「一番危険な道」
- 自分で考え行動する意識がないと

できるだけ早く課題設定をする ……………134
- 「課題設定」からスタート
- 早く課題設定するメリット

高速思考回路を身につける ……………136
- 高速思考回路
- 思考平面図から思考展開図づくり

年齢と能力の関係を知る ……………138
- 新しいことを吸収する能力とマネジメント能力
- 年齢と能力の関係

チャンピオンデータは闇夜に立つ灯台 ……………140
- チャンピオンデータの存在

2：6：2の法則 ……………142
- 企業における人間の分布
- あなたはどこに属しますか

被害最小の原理で身を守る ……………144
- 失敗と向き合うには理想ばかり言ってられない
- 被害最小の原理を貫く際のポイント

告発は善 ……………146
- 3％の良識人
- 失敗を表に出せ

タコツボ的生き方をしない ……………148
- なぜタコツボ的生き方がいけないか
- 魚のいない池から魚がたくさんいる湖へ

コラム◆課題設定能力を持った人とは ……………150

第6章 失敗と向き合う　組織のリーダー

失敗は確率現象であるが ················· 152
- ●重大災害は300分の1の確率　●失敗のツケは大きい

失敗対策はトップダウンで ················· 154
- ●組織においての失敗対策の限界
- ●失敗対策は「全体を見る」必要がある

リーダーの資質と失敗 ················· 156
- ●リーダーにより失敗は3倍違ってくる　●偽リーダー

経営者・リーダーに求められる判断 ················· 158
- ●分岐点での判断ミスは大失敗につながる
- ●決定の道筋と心理的障壁

失敗を恐れて人をおそれるな ················· 160
- ●組織をグループに分けるとき　●失敗と人材育成

技術は飽和する ················· 162
- ●技術の持つ特性　●「中国の脅威」の意味

産業・企業は30年で衰退する ················· 164
- ●産業盛衰の30周期　●企業衰退の30周年周期

技術の失敗周期① ················· 166
- ●巨大橋の30周年崩落

技術の失敗周期② ················· 168
- ●原子力の20周年事故周期　●事故は繰り返す

組織・技術の質的変化を見落とすな ················· 170
- ●技術の段階的変化を見る
- ●量的変化は必ず質的変化を起こす

多くの企業の落とし穴 ················· 172
- ●順演算思考の落とし穴
- ●「不必要な失敗」が繰り返される

暗黙知を生かせ ················· 174
- ●失敗の暗黙知　●意味のない失敗の繰り返しを防ぐ

9

TQCとISOの落とし穴 ……………………………… 176
- 従来型の管理主義手法を変える
- ISOが飾りになっていないか

ベンチャービジネスの起業家に学ぶ ……………… 178
- 成長企業がなぜつまずくのか
- 失敗をしたリーダーの人的原因

提唱:「潜在失敗」を会計処理する ………………… 180
- 潜在失敗に光を当てる

提唱:司法取引と懲罰的賠償制度 ………………… 182
- 司法取引 ● 懲罰的賠償制度

提唱:「見せない」「言わない」「触らせない」 ……… 184
- 「見ざる」「聞かざる」「言わざる」
- 「見せない」「言わない」「触らせない」

コラム◆人の「器」について思うこと ……………… 186

【 失 敗 学 か ら 探 る 福 島 原 発 事 故 】

第7章 福島原発事故で何があったのか?

未曾有の原発事故発生! ……………………………… 188
《図解》国際原子力事象評価尺度(INES)

原子炉の仕組みと原子炉施設の構造 ……………… 190
《図解》福島第一原発の概要

地震発生直前の1～6号機の状況は? ……………… 192
《図解》地震発生時の各原子炉の状況

1～6号機で何が起こったのか? …………………… 194
《図解》津波に襲われた第一原発1～4号機

津波襲来後の1～4号機に何が起こったのか? …… 196
《図解》各号機における事故の経緯

電源喪失後に何が? ………………………………… 198
《図解》原子力発電所の基本的安全システム

10

全電源喪失後の1号機で何が起こっていたのか？① ·············200
《図解》IC不調からベント実施へ

全電源喪失後の1号機で何が起こっていたのか？② ·············202
《図解》1号機で起こったこと

全電源喪失後の2号機で何が起こっていたのか？ ·············204
《図解》2号機で起こったこと

交流電源喪失後の3号機で何が起こっていたのか？① ········206
《図解》3号機で起こったこと

交流電源喪失後の3号機で何が起こっていたのか？② ········208
《図解》SR弁の取り付け位置と構造

運転中止中の4号機で何が起きていたのか？ ·············210
《図解》4号機で起こったこと

放射性物質の漏洩が深刻に ·······························212
《図解》2号機に迫った危機的状況

原発周辺では何が起こっていたのか？ ·······················214
《図解》原発事故で起こったこと

なぜ、避難住民に大混乱が生じたのか？ ·······················216
《図解》住民避難の混乱状況

大熊町の双葉病院の悲劇とは？ ·····························218
《図解》事故にともなう避難行動の経緯

コラム◆「放射性物質」「放射線」「放射能」について ·············220

【 失 敗 学 か ら 探 る 福 島 原 発 事 故 】

第8章 事故の深刻化は人災だったのか？

原発安全神話が全ての元凶！ ·····························222
《図解》想定・準備不足の諸点

過酷事故対策の問題点①法令等も想定・準備不足だった！ ······224
《図解》『原災法』の構造

過酷事故対策の問題点②過酷事故は想定外だった！ ·············226
《図解》思考における想定内と想定外

11

過酷事故対策の問題点③福島には津波は襲ってこない！ ……228
《図解》津波を軽視した福島第一原発

教訓的総括①あり得ないと思えることでさえ起こる！ ………230
《図解》「成功の道」を探る

教訓的総括②備えあれば憂えることはない！ ……………232
《図解》防災の限界点と減災の関係

教訓的総括③不変なものなど存在しない！ ………………234
《図解》減退し消滅していく記憶

教訓的総括④張子の虎は張子の虎でしかない ……………236
《図解》SPEEDIは宝の持ち腐れだった？

教訓的総括⑤臭い物に蓋をしない勇気も必要！ …………238
《図解》順演算と逆演算からの対策を

教訓的総括⑥自立した個人の育成こそが望まれる！ ………240
《図解》個人の主体性が求められる

今後について①原発は廃止できるか？ ……………………242
《図解》原子力発電コストは意外に高い

今後について②原発技術は継承すべき！ …………………244
《図解》原発をゼロに出来る？

最後に　100年後に耐える私の「所感」とは ………………246
《図解》原発に依存していた日本

コラム◆日本に原子力発電を扱う資格はある？ …………248

あとがき ………………………………………………249
さくいん ………………………………………………252
参考文献 ………………………………………………255

12

第1章
失敗を知る その基礎知識

「失敗を正しく学び、生かす」、それが失敗学です。
「失敗」には、とかく負のイメージがつきまといます。
「失敗学」における基本姿勢は、失敗を否定的にとらえるのではなく、
むしろそのプラス面に着目して有効利用しようという点にあります。
この章では、失敗を知る基礎知識を説明しています。
失敗とはなにか、その原因はなにか、また、よくある失敗を通して、
その思考パターンによる組織のもつ構造的な欠陥を見ていきましょう。

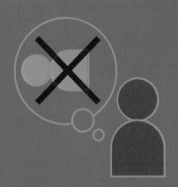

この章のキーワード

失敗のイメージ／失敗は成功の母／失敗は失敗のもと／失敗の定義
失敗の「原因」と「結果」／逆演算／失敗の「からくり」／失敗の成長性
失敗の階層性／よい失敗／悪い失敗／ハインリッヒの法則
失敗原因の10分類／樹木構造／みえないリンク／情報の断絶

なぜ、こんなに致命的な失敗が続くのか

失敗が正しく学ばれ、生かされていない

　当たり前のことを言っているように思うでしょう。しかし、一人ひとり、そして組織として実際にそれをできていないのが、いまの日本の大きな問題点だと、私は考えています。

　「明治維新以来のもの」とも言われる大転換期にあるいまの日本の社会で、「うまくいく方法を学ぶ」だけの従来型ではうまくいかないということが、ビジネスのやり方や政治のあり方などさまざまなところで起きている現実があります。従来型のしなりおどおりにいかないということは、想定していない言いかえれば考えもしなかった問題が発生する危険性があるということです。うまくいく方法を学ぶという思考をしているかぎりは、こうした事態をなかなか予測できないことになります。結果として、それが近年になり、私たちの目の前に企業や行政の事故や不祥事となって現れてきているのだと思います。

失敗のもつ負のイメージ

　失敗は、「したくないもの」、あるいは「起こしてはならないもの」という負のイメージがつきまといます。その失敗を前にすると、だれしもつい「恥ずかしいから直視できない」「人に知られたくない」などと考えがちです。人は、「見たくないもの」は「見えなくなる」ものです。さらに、失敗を隠すことによっておきるのは、次の失敗、もっと大きな失敗と言う、より大きなマイナスの結果でしかありません。失敗を忌み嫌って目を背けるあまり、結果として致命的な事故が繰り返しおこっているのだとすれば、まず失敗に対する見方そのものを変えていくことが必要です。

●失敗に対する考え方を変える●

「見たくないもの」は「見えなくなる」

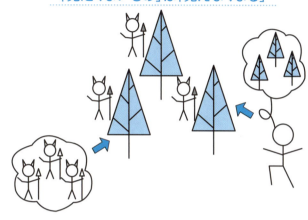

21世紀に入ってからの思いつく事故や不祥事

2000年	3月	営団地下鉄日比谷線脱線事故
	6月	群馬化学メーカー日進化工の工場爆発事故
	7月	三菱自動車リコール隠し発覚
2001年	1月	雪印食品牛肉偽装詐欺事件
	2月	えひめ丸事故
	9月	BSE（牛海綿状脳症：狂牛病）騒動
2002年	4月	みずほフィナンシャルグループ 統合初日から大規模な情報システム障害事故
2003年	8〜9月	三重のゴミ発電所爆発、愛知の新日鉄のガスタンク爆発、栃木のブリヂストンのタイヤ工場火災など、相次いだタンク火災
	11月	H-ⅡA6号打ち上げ失敗事故
2004年	3月	三菱自動車大量リコール 六本木ヒルズ回転ドア事故
	10月	新潟県中越地震による上越新幹線脱線事故
2005年	4月	ＪＲ西日本福知山線横転事故
	11月	ホテル・マンションの耐震強度偽装発覚
	12月	JR羽越本線脱線事故
2006年	1月	ライブドアグループの証券取引法違反事件
2007年	7月	中越沖地震のため柏崎刈羽原発全面停止
2011年	3月	東京電力福島原子力発電所事故発生
2012年	12月	笹子トンネル天井板落下事故

第1章 失敗を知る その基礎知識

失敗が成功の母になるには

失敗のプラス面

　前項で述べたように、失敗はマイナス面だけに目を向ければ、これほど嫌なものはありません。しかし、反対にプラス面を見てみると、失敗が人類の進歩、社会の発展に大きく寄与してきた歴史があります。それらは「**失敗は成功の母**」「**失敗は成功のもと**」と言われるように、過去の失敗から多くのことを学んで、これを新たな創造の種にすることでなし得たものなのです。

　私たちが日常的に行っているすべての事柄、仕事でも家事でも、趣味でもなんでも、失敗なしに上達することは不可能です。人の行動には必ず失敗がつきまとうものですが、そうした失敗なしに人間が成長していくこともあり得ません。

失敗は失敗のもと

　では、成長するためにと、なんでもとにかく失敗をすればいいのかというと、そんなことはありません。「失敗は当たり前」「失敗をしてもそれを次に生かせばいい」などと甘く考えていては、つまらない失敗を繰り返すだけです。こうした繰り返しで、人は自信を失っていき、次にチャレンジする意欲までなくし大きな痛手をこうむることにもなるでしょう。まさしくそれが「**失敗は失敗のもと**」**の意味**するところです。

　自分の失敗も、他人の失敗も直視し、貪欲に材料として学ぶことでしか「失敗は成功の母」につながりません。

「失敗」の定義

　ここで、先に進む理解のために「**失敗学**」における「**失敗**」を定義しておきます。失敗とは右ページのように定義されます。

● 失敗と成功の関係 ●

失敗と成功する成長のらせん

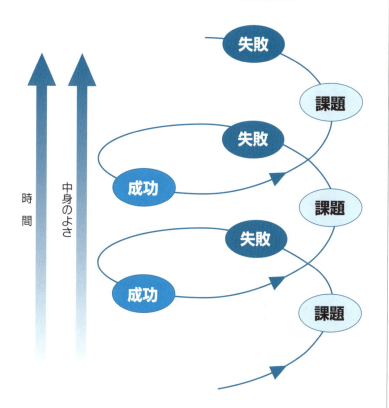

第1章 失敗を知る その基礎知識

失敗学における「失敗」の定義

 「人間が関わったひとつの行為が、望ましくない、あるいは期待しないものになること」
"人間が関わった" と "望ましくない" がキーワード。

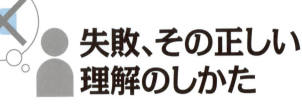

失敗、その正しい理解のしかた

失敗の「原因」と「結果」

　失敗というと、多くの人は「**原因**」と「**結果**」の2要素から見て理解しようとします。それでは失敗を正しく理解することはできません。「結果」だけを見て失敗のひと言で片づけ、後は忘れてしまっている人もいます。それは論外です。

　失敗が起きたときに目に見えているのは「結果」の部分だけです。この見えている「結果」から、見えていない「原因」をたどっていくことを失敗学では「**逆演算**」と呼びます。

逆演算で失敗原因を知る

　失敗原因を正しく探るには、この「逆演算」の考え方が欠かせません。そこで失敗学では、失敗の構造をより正確に把握するには**「原因」を《要因》と《からくり（特性）》の2つに分けて考え、《要因》と《からくり（特性）》、《結果》の3要素から構成されている**と考えます。

《要因》は《からくり（特性）》を通して《結果》に至るのですが、観察者からは《要因》と《からくり（特性）》は見えないのです。失敗学からは「逆演算」で《結果》から《要因》と《からくり（特性）》を探っていくことになります。

　この逆演算により、失敗という結果から、その失敗がどんな事柄の連鎖で起きたのかを探ることができます。

　さらに逆演算の手法を使えば、どんな経緯を経て、どんな失敗が起き得るのかを推測できるし、事前に対策を立てることもできることになります。つまり、**起こり得る事故や失敗は過去の経験を分析することで学ぶことができる**のです。

逆演算で失敗の「からくり」を探る

失敗における原因と結果の関係

(見えた結果から原因を形成するからくりと要因を同定する)

第1段階

観察者に見えるのは結果だけ
↓
原因を知りたい
↓
要因だけでは不十分
↓
からくりと要因に
分けて考えないといけない
（要因とからくりを合わせたものが原因）

第2段階

からくりを知るには
↓
からくりの構造を仮設する
↓
逆演算の考えを入れ、
出力から入力を逆算する
↓
出力と入力の関係のすべてを
満たす構造の共通部分をとる
↓
この共通部分が
からくりの基本構造だと知る

第3段階

からくりが決まったので、
架空の入力を作って入れてみる
↓
架空の出力が出る
↓
さまざまな入力を入れ、
それに対応する出力を求める
↓
入力群とそれに対応する出力群を得る

第4段階

一般化する
↓
こうすればなににでも当てはめられる
→ 類推もできる（アナロジー）
→ 予測もできる

第1章　失敗を知る　その基礎知識

失敗には階層がある

失敗の現れ方と原因の階層性

　まわりに与える影響の大小などを考慮すると、ひとつの失敗の原因はいくつもの要因が重なっており、それらの要因には**階層性**があります。図は、**失敗の現れ方の階層性と同時に、失敗原因にも同じような階層性があること**を表しています。

　ピラミッドの一番底辺にあるのは、日常的に繰り返されているごく小さな失敗の原因です。「**無知**」、「**不注意**」、「**不順守**」、「**誤判断**」、「**検討不足**」という言葉がならんでいますが、手順ミスや思いちがいなどといった失敗者個人に責任があるものです。

　実際の失敗は、ひとつの要因だけで起こることはほとんどなく、いくつかの要因が複雑に絡み望ましくない形で現れるのです。ほとんどの失敗は個人のミスをきっかけにして起こるものの、その背景にはもっと重大な問題が潜んでいることはめずらしくありません。

ピラミッドを上がるほど、失敗は深刻になる

　図の中間から上に向かって存在する失敗原因には、「**組織運営不良**」、「**企業経営不良**」、「**行政・政治の怠慢**」、「**社会システム不適合**」、「**未知への遭遇**」などがあります。「未知への遭遇」が離れて置かれるのは、その現象に至る原因を誰も知らないために起こるものなので例外的に考える必要があります。ピラミッドの底辺は個人の責任に帰すべきものですが、上へ行けば行くほど失敗原因は社会性を帯びたものになり、同時に失敗の規模、与える影響も大きくなります。

　ここで注意するべきことは、階層の上にいる者は自分に責任が及ぶことを恐れて、失敗の責任を下のものに転嫁しがちだ、ということです。

失敗の現れ方と原因には階層性がある

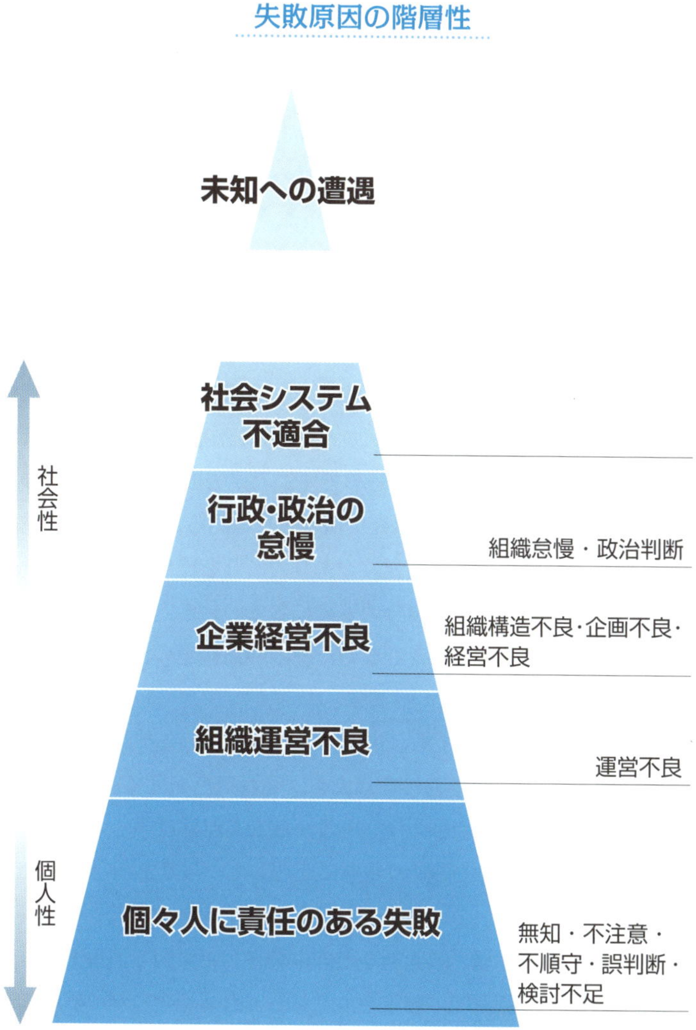

失敗原因の階層性

未知への遭遇

社会性

社会システム
不適合

行政・政治の
怠慢 ——— 組織怠慢・政治判断

企業経営不良 ——— 組織構造不良・企画不良・
経営不良

組織運営不良 ——— 運営不良

個人性

個々人に責任のある失敗 ——— 無知・不注意・
不順守・誤判断・
検討不足

第1章　失敗を知る　その基礎知識

21

よい失敗、悪い失敗とは

　失敗を大きく分類すると「**よい失敗**」と「**悪い失敗**」に分けることができます。私たちが経験すべきは、このうちのよい失敗、別の言葉では「必要な失敗」のほうなのです。

よい失敗

　よい失敗というのは、個人が成長する過程で必ず通らなければならない、あるいは体験しておいたほうが後々のためになるという失敗です。人は失敗すると必ず「痛み」「悔しさ」を感じます。じつはこれが非常に大切なことで、これによって人は新しい知識を受け入れる素地を自分の中につくることができるのです。よい失敗は**「個人にとっての未知」への遭遇**。人間の成長は、失敗なしには語ることはできません。成長の影には必ず小さな失敗経験があり、これを繰り返しながら一つひとつの経験を知識として自分のものにしていきます。さらに小さな失敗が次の大きな失敗を起こさないための軌道修正の働きをし、さらには次の成功へと転化していきます。

　もちろん「よい失敗」でも、失敗が人を巻き込む事故などの形で現れた場合、多くの命が犠牲になります。それでもあえて「よい失敗」に数えるのは、起こってしまった失敗から人々が学び、その経験を生かすことで「未知」なる知識の発掘に成功したからです。

悪い失敗

　悪い失敗は、不注意や誤判断などの単純ミスが原因で何度も繰り返される失敗です。無意味に被害を大きくして自分やまわりに多大な迷惑をかけるのが常です。そのようなことを繰り返しているうちに、いたずらに失敗を重ねる悪癖を身につけることにもなりかねません。

● 人の成長で必ず経験しなければならない失敗 ●

個体発生と失敗体験

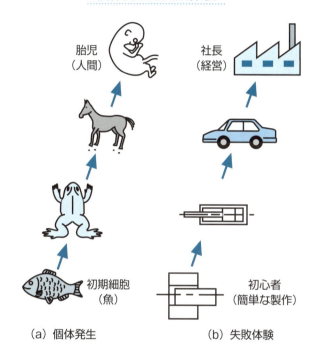

(a) 個体発生　　　　(b) 失敗体験

　人間の子どもは、母親の胎内で細胞分裂を繰り返し、魚類、両生類、他の哺乳類と同じ状態をプロセスとして通過しながら、最後に、ようやく人間の形にたどり着いて生まれてくる。系統発生によって10億年かけて遂げたとされるプロセスが、個体発生という1年にも満たない短い時間の中でも脈々と繰り返されている。
　魚類、両生類、他の哺乳類に該当する部分は、失敗から生まれる知識に置き換えて考えることができる。つまりは、人類がその長い歴史の中で過去に経験したものでも、一個人が成長をする上では、同じプロセスを必ず通過しなければならない「失敗体験」というものがあるという意味だ。

失敗は成長する、そして

失敗の「核」

人は必ず失敗をします。これが失敗学の基本にあります。

図の失敗の「培地(ばいち)」は失敗を培養する、個人あるいは組織の特性です。ここから失敗の「核」が発生します。失敗の培地からは常に無数の失敗の種が、もろみの泡のように発生しています。そしてそれがある程度のエネルギーを蓄えると、培地から離れて浮き上がり、成長して「萌芽(ほうが)」となります。たとえば、机の上を常に散らかすという「培地」をもつ設計者は、同様にうっかりと寸法を写し違えるという失敗の核を発生させます。さらに、それに気がつかないと失敗は萌芽に成長して、その寸法間違いの図面は加工現場へ回されていきます。

失敗が成長する前につぶす

萌芽となる前に、失敗がふつふつと成長していることを知り、その原因を探って対策を行えば、萌芽が培地から離れて浮き上がることを未然に防ぐことができます。この設計者であれば、机の上の整理整頓をすれば、うっかりミスは減るはずです。

ところが、この未然の防止を行わず、失敗が成長するままにまかせれば、失敗の閾値(いきち)(これはあぶくが水面から顔を出すのに似ています)を超え、ついに「破裂」して、悪影響を周囲にばらまくことになるのです。この破裂が製品の製作段階であればまだしも、製品となって販売されてしまい、使用段階で破裂すれば、たとえば製造物責任で会社が訴えられる、という結末となることもあります。

人は必ず失敗をします。ならば、失敗が成長する前につぶすことが重要であることがわかると思います。

●失敗は放っておくと成長する●

失敗の成長

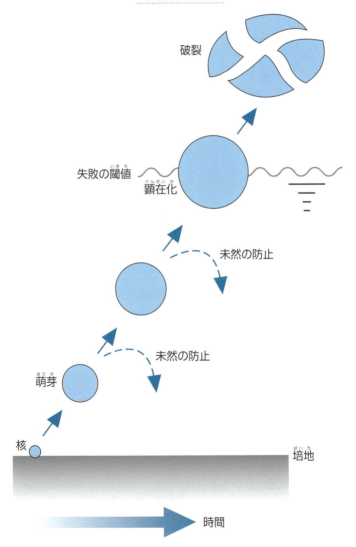

第1章　失敗を知る　その基礎知識

失敗は、確率現象である

ハインリッヒの法則

　失敗がもつ階層性や成長性は、労働災害の世界にも存在し、「ハインリッヒの法則」として知られています。労働災害発生の確率を経験則から導き出した法則です。これは1件の重大災害の裏には29件のかすり傷程度の軽災害があり、さらにその裏にはケガまでには至らなくても300件の「ヒヤリとした体験」が存在しているという、潜在的な問題にまで目を向けて災害顕在化の確率を数字として表した考え方です。

　この**1：29：300（正確には330）の法則**は、失敗が起きる確率そのものとして考えられます。失敗がある一定の法則で起こる**確率現象**で、成功しているように見えるときでも、その裏で失敗の準備が着々と進んでいるという現実があることを伝えているのです。そのなかには、私たちを再起不能の状態に追い込んでしまう危険な失敗も潜んでいるのです。

ヒヤリ体験は、大失敗の予兆

　逆に考えると、重大災害は330分の1という低い確率でしか起きないのですが、だからといってヒヤリ体験を軽視してはいけないというのが失敗学の基本です。ヒヤリ体験を大失敗の予兆と考え、その要因を見つけ出して適切な対策をとれば、致命傷に至らずに済みます。

　大失敗は一般に、いくつもの失敗要因が連鎖的に重なって起きます。この連鎖を断ち切れば大失敗は防げます。それには、**ヒヤリ体験に正面から向き合うことが欠かせない**ということです。

● 1：29：300の法則 ●

仕事における失敗の顕在化の確率

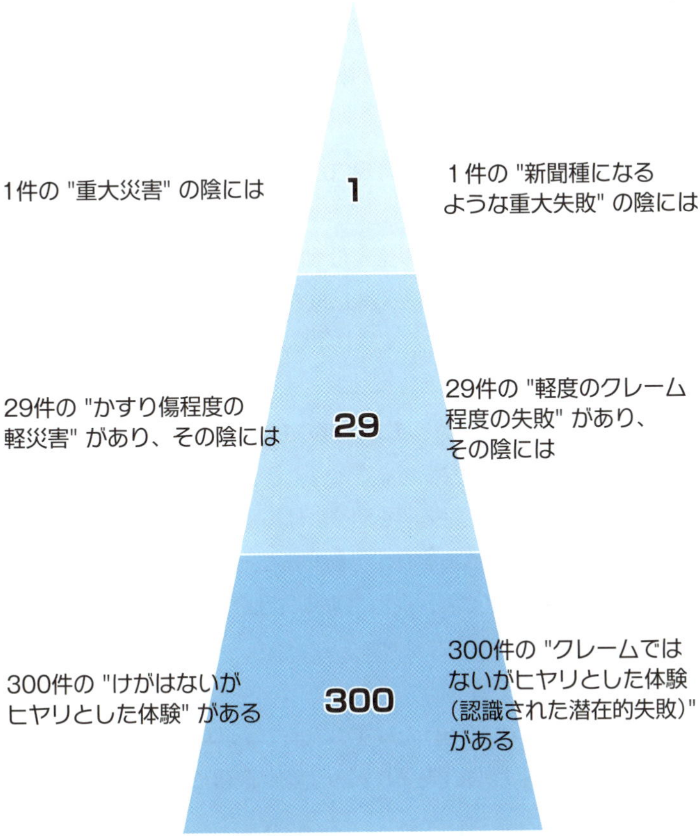

1件の "重大災害" の陰には

1

1件の "新聞種になる
ような重大失敗" の陰には

29件の "かすり傷程度の
軽災害" があり、その陰には

29

29件の "軽度のクレーム
程度の失敗" があり、
その陰には

300件の "けがはないが
ヒヤリとした体験" がある

300

300件の "クレームでは
ないがヒヤリとした体験
（認識された潜在的失敗）"
がある

（a）労働災害における発生確率
　　（ハインリッヒの法則）
　　（1：29：300の法則）

（b）設計における失敗の確率

第1章　失敗を知る　その基礎知識

27

失敗原因は
10に分類できる①

　失敗を学び活用するには、失敗を分析して理解する必要があります。失敗原因は、以下に説明する10の項目に分類することができます。

失敗原因── ①未知

　世の中の誰もが、知らなかった現象が原因となって起きる失敗です。未知による失敗はいたずらに責任追及をするのではなく、科学技術を発展させ、さらには文化を生み出す最大の糧ともいえるものなのです。失敗をプラスの面でとらえ、「失敗は成功の母」で語られるときの失敗がこれです。

失敗原因── ②無知

　失敗の予防策や解決法が、すでに世の中に広く知られているにもかかわらず、当事者が不勉強であることにより引き起こされた失敗です。不勉強なのですから、この失敗を防ぐには勉強するしかありません。

　しかし、無知を恐れるあまり、行動することなくいたずらに調査や勉強ばかりに精力を注ぐと、失敗により失うものよりも、さらに大事なやる気と時間を失うことになります。

失敗原因── ③不注意

　十分に注意していれば防げたはずの失敗です。体調不良や過労、多忙、あせりによる平常心の喪失など、注意が散漫になっているときに起こしがちです。

　致命的な結果に結びつくような作業では、この原因による失敗を避けるべく、作業自体を中止すべきです。居眠り運転がその最たる例です。

● 失敗原因の分類 ●

設計における失敗原因の分類

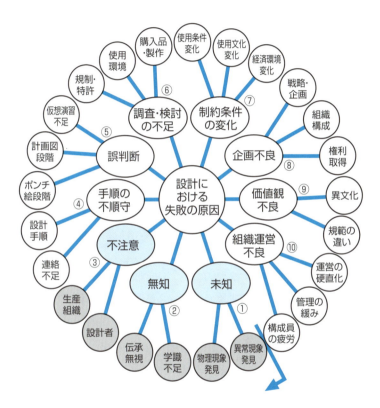

第1章 失敗を知る その基礎知識

図では設計における失敗となっているが、世の中のあらゆる失敗の原因も基本的には同じ。
①の未知を除けば、番号が大きくなるほど高度な判断ミスになる。

失敗原因の②～④は、おおむね本人の未熟さゆえに起きるといえる。

29

失敗原因は 10に分類できる②

失敗原因—— ④手順の不順守

　組織で決められている約束事、広く知られている習慣や規則を守らなかったために起きる失敗です。

　組織では、全員が守らなければならない約束事をたった一人が無視したことでそれが失敗につながります。

失敗原因—— ⑤誤判断

　状況を正しくとらえていなかったり、状況は正しくとらえたものの判断をまちがえたことにより起きる失敗です。

　判断をするのに用いた基準や決断に至る手順がまちがっていたり、判断をするときに考慮に入れるべき要素が欠落していたための失敗も含まれます。

　ひとつの事柄を決定するときには、さまざまな状況を想定してそこで起きる結果までを、必ず頭の中で考える**仮想演習**（第6章で詳述）を行わなければなりません。

失敗原因—— ⑥調査・検討の不足

　判断をする人が、当然もっていなければならない知識や情報をもたずに判断したり、十分な検討をしなかったことにより起きる失敗です。

　実際の場面では、すべての情報が完璧にそろって判断できる状況はまれでしょう。そのときでも判断する人が優秀であれば、まちがったときのことも想定し、その対応策も考えていたりして、たとえそこで失敗しても、右往左往することも少ないことになります。

● 失敗原因の分類 ●

設計における失敗原因の分類

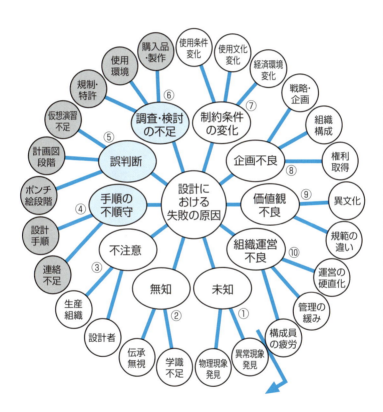

第1章 失敗を知る その基礎知識

31

失敗原因は10に分類できる③

失敗原因—— ⑦制約条件の変化

　なにかをつくり出したり企画するとき、あらかじめ制約条件を想定してスタートします。ところがその想定した制約条件が時間の経過とともに変化をし、そのために思わぬ失敗になることがあります。

　制約条件は常に変化するものです。たとえば為替レートや金利。当初の想定を超えた大きな変動は、事業に大きな影響が出ます。「想定外」ではすまされないので、リスクヘッジとしての対策が必要になります。

失敗原因—— ⑧企画不良

　企画や計画それ自体に問題があることによる失敗です。

　これは進めていてどうがんばっても、「振り出しに戻る」しかありません。ところが、企画や計画が組織のリーダーの発案であったりすると、企画や計画そのものが問題にされず、その下の実行者に失敗原因が帰せられることが往々にしてあります。

失敗原因—— ⑨価値観不良

　自分や自分の組織の価値観が、まわりと食い違っていることにより起きる失敗です。過去の成功体験だけに頼ったり、組織内のルールばかりを重視していると、経済、法律、文化などの面からいわゆる常識的な理解・適応ができなくなり、そのことで失敗に至りがちなものです。

失敗原因—— ⑩組織運営不良

　組織自体が、きちんと物事を進めるようになっていないために起きる失敗です。組織リーダーが判断を誤り、その組織運営を修正する決断を行わないでいると、問題を大きくしてしまいます。

失敗原因の分類

設計における失敗原因の分類

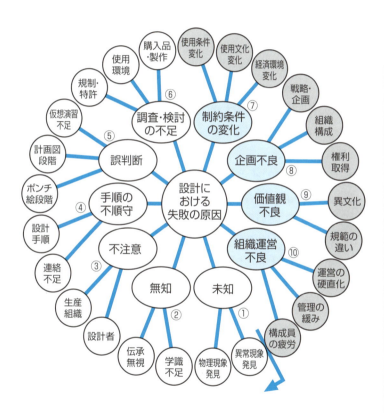

よくある失敗① 別の部署で同じような失敗の繰り返し

　ここでは、「よくある失敗」の原因を人間の思考パターン、そこからの組織構造を通してみることにします。

樹木構造による思考

　人はあるものごとについて理解するとき、一つひとつの小さな要素に分解して考えます。ごく少数の天才をのぞき、ふつうの人は系統立てを行い、図のような**「樹木構造」**に一つひとつの要素を整理しなければなかなか全体像まで理解できないものです。樹木構造は頭を整理して理解する方法として、すぐれたものです。

樹木構造の組織の落とし穴

　このような人間の思考パターンに対応して、一般的に組織づくりも樹木構造に基づいて行われます。**樹木構造の組織**のなかでは、部署ごとに役割を限定して、意図的に横のつながりを分断することがよく行われます。部署ごとの役割だけを理解していれば仕事ができるという効率を最優先した考え方、たとえば、営業担当者は製造に関する知識をもたず、逆に製造担当者が営業のことをまったく知らないということが、効率優先の組織では見られます。さらに部署間での競争で業績を上げようとすることも行われたりするため、同じ系統のすぐ隣の部署間でも情報が伝わらなくなることも。

　この組織構造で上に立つ者には、部署という役割ごとに整理した組織構造は全体像を理解しやすく、命令系統がはっきりしているので、コントロールが楽になるなどのメリットが多々あります。ところが、失敗情報を共有する対策を打たなければ、**別の部署で同じような失敗をただ繰り返す**という欠点があります。

●樹木構造で起きる、よくある失敗●

別の部署の失敗は伝わらない

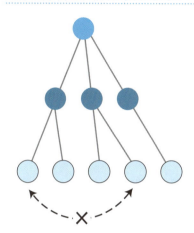

樹木構造では見えないリンクが互いに影響しあっている

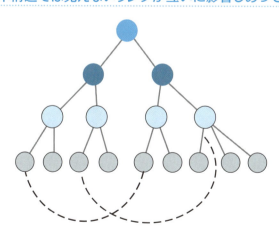

樹木構造では、実際には見えないリンクが張りめぐらされている

よくある失敗② 隠れたリンクに気づかない

「見えないリンク」が失敗を誘発する

　樹木構造の組織でたとえば、営業部門と製造部門に明確に分けてしまうと、互いに関連（リンク）があるのにそれが意識できずに行動して失敗が起こることもよくあります。現実には、まったく別系統の末端のパート同士が互いに影響しあっていることはめずらしくなく、私はこれを「**見えないリンク**」と呼んでいます。

　樹木構造のなかで部署間のリンクを絶たれた組織では、隠れたリンクが思いもよらない失敗を誘発することがあります。

部品と部品の間のリンクに気づかない

　たとえば、自動車をつくるとき、その組織はエンジンや制御用電子部品などの系統に分けられ、そこからさらに部品ごとに細分化してそれぞれ作業を進めるのが一般的です。しかし、機械のなかのすべての部品と部品の間には見えないリンクが張られていて、ひとつの部品の働きが他の部品に影響を及ぼすことがあります。**その見えないリンクに気づかなかったり、細分化された組織にあってそれを考えることもなく進めるために起きる失敗がよくあります。**

　たとえば、エンジンそのものに問題がなくても、シリンダー部分で生じている熱がまわりの電子機器の制御に悪影響を与えて誤作動を起こし機械を暴走させるようなことは起こり得ることです。

　本来、エンジンと制御用電子部品には伝導される熱の影響といった点で密接なリンクがあるのです。そうした関連の存在に気づかず、それぞれの担当部署で仕事を進めていると、必ず失敗を起こすことになります。

見えないリンクが失敗を誘発する

部品間の隠れた関連に気づかない

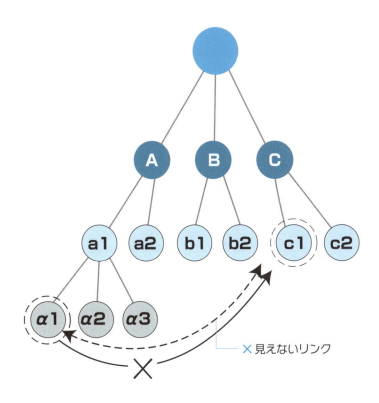

（例）エンジンのシリンダーブロック　　（例）制御用電子回路

× 見えないリンク

伝導される熱、という見えないリンクがある

よくある失敗③
途中変更による失敗

樹木構造は情報断絶を起こしやすい

　樹木構造組織では、役割分担を明確に行っているがゆえに生じる問題です。外的条件の変化などによっていったん取り決めた企画や計画や設計を途中で変更せざるを得ない場合があります。このとき気をつけなければいけないのは、「なにをどう変えたか」という情報を組織全体で共有することなのですが、これはなかなか困難なのです。

　先に述べたように、組織上は別の系統でも、その部品と部品の間に密接なリンクがあることはよくあります。ところが、樹木構造組織のなかでは部署間の情報伝達が不十分な場合が多く、「**情報断絶**」を起こしやすいからです。結果として、改良のための変更だったのに、失敗となって現れることになります。この途中変更による問題は、生産現場の失敗はほとんどこれによって生じるといえます。

「最終計画」を「最終」にしておく

　途中変更によって起きる失敗を防ぐためには、作業に取りかかる前に、すべての情報を盛り込んだ「**最終計画**」を作り、組織全体がそれを共有し、すべてそれに従って進める、というやり方が理想的なのです。機械設計では、あいまいな部分を残さずにそれを最終計画図として表現します。そして途中変更をせざるを得ない場合は、「最終計画」を書き直します。つまり、**「最終計画」を常に「最終」にしておくこと**が肝心なのです。

　これは、情報断絶があいまいさのままにものごとが進んでいるときや、ものごとを見切り発車したときによく起きて、それが失敗につながることが多いからです。

● 途中変更は情報断絶のもと ●

途中変更が諸悪の根源になる

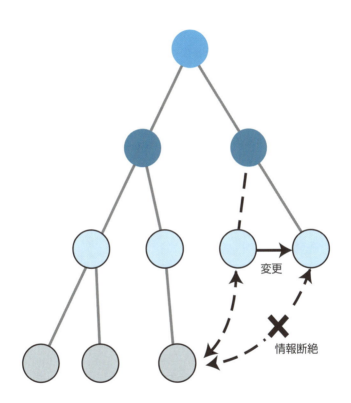

途中変更によって見えないリンクが断絶し、失敗となって現れる

よくある失敗④ 手配・連絡漏れによる失敗

　これは「途中変更」にもからんで、よくある失敗です。

人事異動による情報断絶

　組織においては、人事異動はよくあることです。その人事異動の際に、前任者と後任者の間で引き継ぎがきちんとされず、手配・連絡漏れとなって起こるものです。

　たとえば、大きなプロジェクトが進んでいるとき、こうした形で完全にストップしているのに、関連するまわりの誰一人として気づかなかったという信じられないことも現実に起こっています。

　人事異動がなくとも、単純な連絡漏れは日常の仕事のなかでしょっちゅう起きて、組織の「情報断絶」による大小の失敗となって現れます。

情報断絶は諸悪の根源

　よくある失敗の説明を通して、**情報断絶が諸悪の根源であること**は理解したことでしょう。

　情報断絶は、途中変更や見切り発車をするときに起こりやすく、しかもそれによるトラブルや失敗は、計画実行の最終段階になって現れることが少なくありません。

　実際的には、こうした問題を克服するにはチーフエンジニアのような、作業全体を掌握し、隅々まで目を光らせる役を置いて、各部署間の情報断絶が起こらないようなシステムづくりが必要です。その役を担うチーフエンジニアは相当な「目利き」でなければなりません。まずはそのような人材を組織で育成することが、「情報断絶」を防ぐための一歩となるでしょう。

●樹木構造組織の構造的欠陥●

手配漏れは誰も気づかない

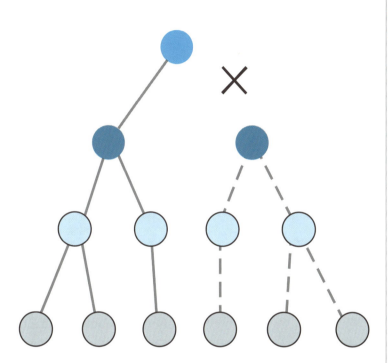

樹木構造の系統が、人事異動などによって情報断絶を起こすと、手配漏れ、連絡漏れが生じる

第1章　失敗を知る　その基礎知識

建築設計に思うこと

機械設計を専門とする私から見て、常々、建築には真の最終計画図がないことから起きる問題を主張してきました。その建築・土木の分野で過去に不祥事が相次ぎました。

そこでは、責任ある関係者で「まさか、こんなことが起きるとは思わなかった」と、必ず弁解になります。

じつは「あり得ることは知っていた」ということでした。耐震偽装のマンションに住んでいた人やホテル会社には寝耳に水で、たまったものではありません。その人たちこそ、「まさか、こんなことが起きるとは」なのです。

この業界ではコンクリートの水増しをはじめ、「手抜き」が日常化している結果の問題です。顧客の過剰な要求や圧縮されたコスト、限られた納期などそれぞれの事情があるのでしょうが、不祥事を繰り返すだけで、重大な事故の準備をしていたのです。時代が変わったいま、そうした言い訳は許されません。

建築の場合、さまざまな知識が求められるせいか分業が常識になっていて、設計者がすべてを考えなくてもなんとなくできてしまう文化のなかで動いているという印象があります。建築・土木の設計者のひとりよがりでつくられたようにしか見えない建築物もつくられてきています。こうした文化だとなかなか事故もなくなりません。

いまの日本が閉塞感から脱却しようとするときの不祥事の重なり、怒りをおぼえます。

第2章
失敗情報が伝達されるとき

失敗を繰り返さない、あるいは創造の種にするには、
その失敗が起こった原因や経過などを分析して「知識化」し、
失敗情報を伝達することが重要なことです。
じつは失敗情報には伝達されるときに、困った性質があります。
失敗情報を使える知識にするために、
この章では失敗情報の性質を知ることから始めます。
そして、誰もが知識として使える失敗情報の「知識化」の重要性とその方法、
さらに失敗情報を役に立つ情報として伝達する方法を説明します。

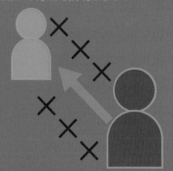

この章のキーワード

失敗情報の減衰／失敗情報の単純化／失敗情報の歪曲化
失敗情報のローカル化／失敗情報の上下動／失敗情報の神話化／失敗の脈絡
失敗の知識化／失敗の伝達の6項目／失敗体験／真の(科学的)理解
失敗情報の学習効果／失敗情報の伝達／失敗情報の利用

失敗をしたとき①
当事者の頭に浮かぶこと

　誰でも失敗する。そのとき、人はどのような心理になり、そしてどのような行動をとるのでしょうか。

失敗をしたとき、すぐに頭に浮かぶ事柄

　失敗が起きた瞬間、当事者の頭の中はまっ白になるでしょう。でも、そこで逃げ出すわけにはいきません。

　当事者はまず、原因を推定、対策をどうしようかと考えます。同時に、失敗により企画続行が不可能になるのを恐れ、失敗をどう公表し、法的措置と計画の修正をどうするか考えます。

　周囲や組織からの批判、そしりには、責任の所在を明らかにしなければなりません。その結果、自分の身に生じる事柄が頭に浮かんできます。あるいは、失敗により周囲や組織にかけた迷惑をどうするかと、考えます。以上の事柄が失敗をしたと悟ったときに当事者の頭の中に走馬灯のように浮かびます。

時間が経過したときに頭に浮かぶ事柄

　失敗をしてからの時間の経過とともに、当事者の頭には別の事柄が浮かんできます。

　図の「自己の内部での吸収」では、反省、後悔、言い訳、正当化、自虐、などが心の中に湧き起こります。事実への対応行動をどうしようかということも頭に浮かんできます。つまり、隠しておこう、見過ごしておこう、忘れてしまおう、など失敗の位置づけを自分のなかにして次に進もうと考えます。

　そこで失敗情報の伝達にまで思いが至れば、その当事者は組織のリーダーとしての器が備わった人物といえるでしょう。

●失敗をしたときに当事者の頭に浮かぶ事柄●

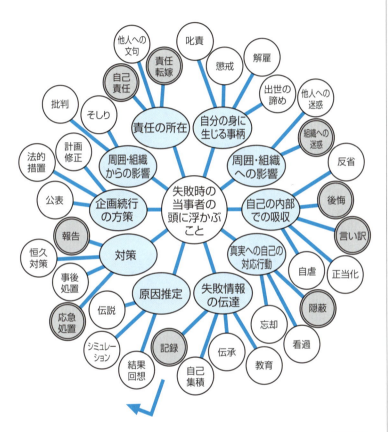

　図中、二重丸のついたものは失敗について、とくに強く感じられること、実行しなければならないこと。このうち、最も重大な結果をもたらすのが、失敗の隠蔽。隠すことで、自己保全を図り、組織への影響を小さくし、社会に対する責任を回避した、と思い込んだとき、その失敗は次の失敗を生む素地をつくっていることになる。そして、次の失敗をもたらす最大の原因になる。

失敗をしたとき② 組織のトップの頭に浮かぶこと

失敗をしたとき、トップは

　失敗に遭遇するとトップは、まず「認めたくない」という意識が働きます。認めればトップとして自分がすべてを考え、対処しなければならないからです。失敗を認めたら、次に「なぜだ」と考え、さらに対処策を考えます。同時に事業続行の方策、周囲や組織への影響、そして、責任の所在、自分の身に生じる事柄、…と次々に事柄が頭のなかに浮かんできます。ここで、組織のトップにとって重要なことは、人間の弱さを認識することです。最後のほうに出てくる「隠蔽」や「看過」などが、ついつい頭に浮かんでしまうのです。

人はみな弱い

　私の頭に浮かぶのは、雪印乳業の集団食中毒事件、三菱自動車のリコール隠し…、みなリーダーたる人間がこの隠蔽の誘惑に負けて、ごまかしの対応行動をとったのだということです。

　2000年6月の「雪印集団中毒事件」に際し雪印乳業の事件後の対応として、同社では会社幹部が顧客からの苦情のテープを毎日みなで聞いている、との報道を聞き、その対応に私は大きな疑問を感じました。そんなことは幹部の役割ではない。反省はよいとしても、組織の再生にはなにが大切か、優先してなにに取り組むべきかを誤解している。トップがそんな対応では雪印の未来は暗い、と。

　人間の弱さをトップが認めることができると、その一つ先の、本当の対応へと頭が働くものです。雪印は食中毒事件のときに本来は企業文化の改変に取り組むべきでしたが、グループ企業が牛肉の偽装詐欺事件を起こすようにもなり、雪印食品がなくなることになりました。

●失敗をした社長の頭に浮かぶ事柄●

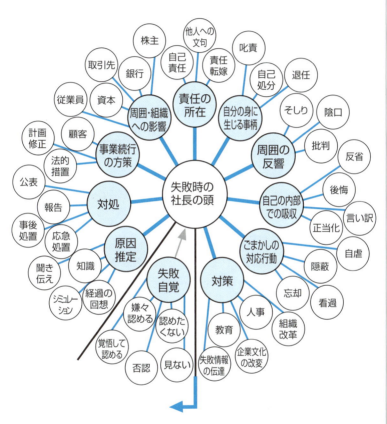

第2章 失敗情報が伝達されるとき

失敗をしたら、そのとき

隠すな・記録しろ・誠実に対処しろ

失敗情報の性質を知る①

失敗情報は時間が経つと減衰する

　失敗はマイナスのイメージの側面が強いため、失敗情報は時間の経過につれ、または関係部署などいくつかの経路を通って伝達するごとに、急激に**減衰する**という性質があります。つまり、人から人へと伝わる中で、伝わりにくくなるのが失敗情報なのです。

　たとえば、失敗情報は当事者の次の人くらいまでは伝わっていても、その次からは情報があまり伝わらなくなるということはよくあることですし、世代間の伝達では祖父から孫まで行くあたりで急激に減衰するのがふつうです。

失敗情報は単純化する

　失敗情報には、伝達がされていくとき、その経過や原因が極めて単純な形でしか伝わらないという性質があります。

　その失敗を正確な記録として残されればよいのですが、うわさ話の情報は伝わっていくうちに、失敗の経過や原因が一つか二つのフレーズに単純化されてしまいます。

　一つか二つのフレーズに単純化された失敗情報は、そこから知識として得るものが限られてしまいます。失敗情報が単純化して伝わったために、知識としての正確な内容がさまたげられるということで、私がよく例にあげる「地震がきたら火を消せ」という教訓があります。地震後の火災で多数の犠牲者を出した関東大震災の経験に学んだものですが、地震がきたそのときにあわてて火を消そうとしたら、やけどをするだけです。このフレーズに込められた意味は、地震がきたら振動が収まるのを待って、それからすぐに火を消せということです。

● 失敗情報は伝わりにくい ●

津波常襲地帯三陸海岸の失敗情報

碑念記浪津大

高き住居は
児孫に和楽
想へ惨禍の
大津浪
此処より下に
家を建てるな

津波の被害にさらされてきた三陸海岸の町々には、津波のやってきた高さに石碑が建てられ、「ここより下に家を建てるな」「地震のあとには津波がくる」という類の教訓が記されたものも少なくない。貴重な失敗情報である。

ところが、いまでは石碑のあるその下に家が建てられていることも。防潮堤がつくられるなど対策がとられているとはいえ、津波の恐ろしさは忘れられ、まさに「失敗情報は減衰する」という失敗情報の性質がうかがえる例を私は目にしている。

第2章　失敗情報が伝達されるとき

失敗情報は単純化するな

失敗から得た知識をうまく利用する

＝失敗そのものの正確な分析が不可欠

失敗情報の伝達は、単純化せずに細かい経過や原因を含んで行うべき

失敗情報の性質を知る②

失敗情報は歪曲化される

「**失敗の原因は変わりたがる**」と言い換えてもよいでしょう。

一方に失敗情報が伝わると都合の悪い人がいれば、もう一方にはその情報を使わないと困る人がいるというのは、社会でよく見られる構図です。そして、その中間にいる人が伝達すべき情報のなかに自分の利害を入れておこう、と考えることもありがちなことです。

すると、伝えられる失敗情報は元のものとはまったくちがった情報になってしまい、それが流布されるということにもなります。関係者の利害で、失敗情報が歪曲化されるのです。

1章で取り上げた失敗のもつ階層性のなかで、階層の上にいる者は自分に責任が及ぶことを恐れて、失敗の責任を下の者に転嫁しがちだということを述べました。

組織の管理体制や構造的な問題にふれることを避けるのです。たとえば、医療事故の際にあることです。患者に間違った薬を投与したときなど、一人の看護師の投薬ミスとして問題を収めようとする傾向をよく目にすることでしょう。

これは事故や不祥事が起きたときに、その企業や所管する役所が中心になって原因を究明するための特別チームが組織される際にも見られます。ところが世間への影響を考慮してか、当たり障りのない結論を出してお茶を濁すこともなきにしもあらずとなります。

「失敗情報は歪曲化される」という性質を知るとき、失敗情報を聞くときは、どこに事実でないものがはさまれているかを考えることも必要ということです。

● 失敗の情報が歪曲かされると ●

チェルノブイリの原発事故

| 1986年4月　事故発生 |

当時のソビエト政府の発表
| 事故原因は運転員の規則違反 |

| 原子炉そのものの構造的欠陥を隠した |

＋

| 西側諸国も自国の原発反対運動の高まりを恐れて甘い追及 |

事故の原因は、単なる運転員の規則違反が公に流布

| 関係者の利害がからむとき、原因は故意に隠されることがあるが、多くの場合、事故の経過は正確に伝わる |

| その事故の経過を基点にして、失敗情報を再構築していけば、事実でないものがはさまれた情報を正しく見ていくことも可能 |

事故の事実は隠しきれないが、事故の規模や原因は国家の意志によって書き換えられていることが多い。

第2章　失敗情報が伝達されるとき

失敗情報の性質を知る③

失敗情報はローカル化する

　ローカル化とは、**ひとつの場所で起こった失敗は、ほかの場所へ容易には伝わらない**ということです。

　これは失敗情報がマイナスイメージを持っているからです。自分たちの部署で起きた失敗が他に伝わると、「自分たちの評価が下がる」「自分たちの仕事に不利益である」と人は考えがちです。そこで隠してしまおうとなります。1章で述べた樹木構造の組織に、この傾向は顕著です。その結果、失敗を組織で共有できないために、似たような失敗をほかの部署でも繰り返すことになります。

失敗情報は組織内を上下動しない

　失敗情報は**組織の上へも下へも伝わりにくい**という性質があります。組織のトップの人から、よく「失敗がなかなか報告されない」という話を聞きます。もちろん、報告をしなかった下の者は責められるべきですが、問題は失敗を気軽に報告できない組織運営のあり方にあることを忘れてはなりません。失敗が組織の上に伝わらないのは、伝えにくい組織の雰囲気があることが多いのです。

　失敗したことを言わせない組織運営を行っていて、「失敗の報告が上がってこないのはおかしい」というのでは、じつはトップの人が組織運営でやるべきことをやってないと言ってるのと同じです。

失敗情報は横にも伝わらない

　横に伝わるには、逆樹木構造の組織ではいったん上に登ってから別のところへ降りなければならないが、「失敗情報は上には登らない」という特性があるために結局横には伝わらないのです。

●失敗情報はローカル化し、組織内を上下動しない●

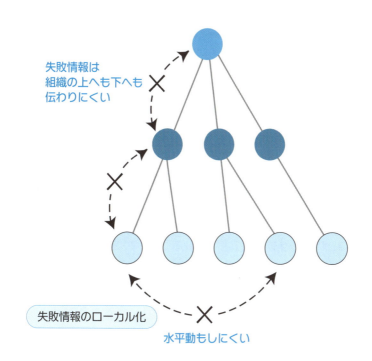

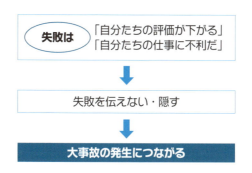

第2章 失敗情報が伝達されるとき

失敗情報の性質を知る④

失敗情報は神話化する

歴史を振り返ってみると、**失敗情報が神話化することによって多くの人たちに受け入れられる例が数多くあります。**

たとえば、日露戦争の日本の勝利。じつはきわどい勝利に過ぎず、いくつもの局面で失敗していました。ところが、その失敗が隠れてしまい、ときに変質し、神話化されたと指摘する歴史家は少なくありません。その結果として、軍部を中心に日本の国力を大きく見誤り、無謀な太平洋戦争に突入することになったとも言われます。

それは戦艦大和の失敗にも見られることです。その最期の姿から「悲劇の戦艦」のイメージで多くの人たちに受け入れられている失敗情報の伝達形式です。戦艦大和の失敗は、戦術についての制約条件の変化が原因でした。しかし、神話化がすぎると、情報そのものの本質が見えにくくなり、結果を知る後世の者には戦艦大和からウドの大木と連想され、戦争のやり方が大艦巨砲の時代であれば、りっぱな戦艦だったのです。戦争のやり方が大艦巨砲の時代から航空機に変わっているという時代認識を持てなかった軍備の立案者の判断不良が、「悲劇」の原因だったことを戦艦大和の失敗から学ぶことこそ、大事なのです。

失敗情報は伝承されにくい

成功するためにはどうすればよいかという方法論は、それをすぐにマネしたい人に注目されるので、多くの者が研究対象とします。その逆に、失敗については将来の自分のために知識の蓄積を考える人を除けば注目されないので、学問的にも行われず、その結果として組織的な伝承も行われてこなかったのです。失敗に光を！

●悲劇の戦艦大和●

戦艦大和の「失敗」

1945年4月、アメリカ艦載機の攻撃を受け、沈没寸前の戦艦大和
（写真提供：毎日新聞社）

　戦艦大和の「失敗」は、戦術についての制約条件の変化が原因。戦争のやり方が大艦巨砲の時代から航空機に変わっているという時代認識を持てなかった軍備の立案者の判断不良が「悲劇」の原因だったのだ。

第2章　失敗情報が伝達されるとき

失敗情報をどう伝えるか

多くの企業で行われていること

　多くの企業で、失敗を避けようとして「**マニュアル**」が作成されています。「**べからず集**」のような形もあります。私はマニュアルを否定はしませんが、失敗学の見地からすると、どちらもあまり役に立たないというのが実情です。「マニュアル」は細かく指示が書かれ、そのとおりに行えば確かに失敗はしません。しかし、もしマニュアルどおりにしないとどういうことが起きるのかは書かれてなく、想定外の事態にはまったく対処できません。さらに、マニュアルどおりにさえ行っていればよいとの姿勢にもなり、ものを考えなくなってしまうとマニュアルが、形骸化してしまいます。「べからず集」は、こうしてはいけないということが書いてあります。**不具合事例集や失敗事例集**もほぼ同様です。しかし、ではどうすればよいのかは書かれていません。

　必要なのは、上述の両方の機能を併せもった**失敗知識集**、つまり「どう失敗したか」「どうして失敗したか」「どうすれば避けられるか」が整理して書かれているもの。これがあり、はじめて失敗を避けて成功へと至ることができる、いわば「**失敗地図**」です。

　失敗情報を伝えるのには、意外でしょうが「客観的」な情報・分析は実際に役に立つ情報となりません。失敗の責任の所在を明らかにする意味では、確かに必要なことですが。

　失敗に学び、そこから新しいなにかを創造しようと考えたとき、知りたいのは、責任の所在より失敗した当事者がどんなことを考え、どんな気持ちでいたかという、**当事者から見た主観的な情報です**。これは、失敗情報を伝える際のたいへん重要なポイントです。

●失敗地図が大切●

[マニュアル]

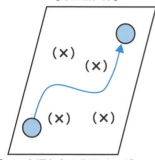

「**ここを通れ**」と指示するだけ。「どこに×があるか、どんなことが×で起こるか」は書いていない

[べからず集]

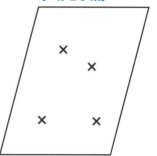

「**こうしてはいけない**」ということだけが書いてある

↕ ほぼ同じ

[不具合事例集]
[失敗事例集]

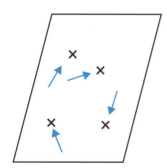

「**こうすると失敗する**」ということだけが書いてある

[失敗知識集]
[失敗地図]

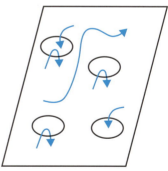

「**どう失敗したか**」「**どうして失敗したか**」「**どうすれば避けられるか**」が書いてある

失敗は「知識化」しなければ伝わらない

失敗の脈絡

　前項で、失敗の情報の伝え方・伝わり方で重要なポイントを指摘しました。自分や他人の失敗情報を伝えるには、まず第一人称で語られる失敗の「**事象**」から「**経過**」「**原因**」「**対処**」「**総括**」までを脈絡をつけて記述することが必要です。個々の記述の方法は、次項から述べます。

　失敗は結果として現れます。起こるに至った脈絡、経過は見えていません。しかし、失敗を生かして繰り返さないようにするには、必ず結果に至るまでの脈絡を自分で把握する必要があります。脈絡を知らないと、ほんとうに失敗を知ったことにはならないのです。ですから、**失敗を伝えるには、事象から総括までを正しい脈絡をつけて記述すること**が欠かせません。

失敗の「知識化」

　さらに、失敗情報を正確に伝えるには「**知識化**」することが不可欠です。知識化とは、起こってしまった失敗を自分や他人が将来使える知識としてまとめることです。

　まじめな企業は、昔から失敗情報のとりまとめに余念がありません。ところが、せっかく情報をデータベース化してもなかなか使われないという話をよく聞きます。

　原因は、失敗の原因と経過が書いてあるだけの単なる事例集になっていて、その失敗から得るべきものを整理する知識化がなされていないことにあるからです。それをどんな教訓とすべきかが、その情報を使う側のほしい形で提供していないから、まったく生かされていないのです。

●失敗の脈絡伝達と知識化●

失敗に至る脈絡伝達の必要性

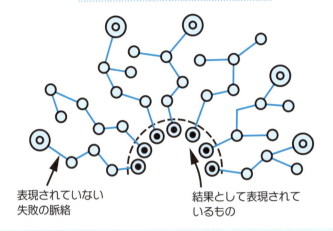

表現されていない失敗の脈絡

結果として表現されているもの

失敗の結果だけではなにも伝わらない。そこに至る脈絡を記述して、はじめて伝わる。

情報の知識化の必要性

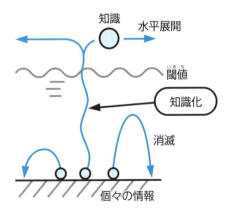

第2章　失敗情報が伝達されるとき

59

6項目による失敗の伝達①

事象の記述

　事象とは、「どんな失敗が起こったか」ということです。失敗がどのように失敗として表に現れたかを記述します。

経過の記述

　次に、失敗体験の経過を記述します。どのように失敗が時間の経過とともに進行したのか、ポイントとなるところをできるだけ詳しく書くことが必要です。

　文章だけでは伝わりにくいようであれば、イラストや図を添付するなどして、内容を正確に伝える工夫をします。

原因の記述

　失敗の原因の記述ですが、この段階では必ずしも正確なものを書く必要はありません。あとでよく考えたり、調べたりした結果、真の原因がわかれば、そのときに追記すればよいのです。

　ここで重要なのは、失敗を起こしたその時点でどう考えたかという当事者の見解です。「ちがうかもしれない」と疑問に思っていることでもかまいません。失敗を起こしたその時点で考えた推定原因を記述することです。それがヒントになり、あとに考えもしなかった意外な真相が明らかになったり、あるいは新たな発見に結びつくこともあります。

対処についての記述

　失敗に際してどのようなことをしたか、という対処について記述します。失敗を起こしてからだけではなく、場合によってはそれ以前の対処の記述も必要です。こうした対処を分析・検討することは、あとの失敗の知識化に不可欠だからです。

●失敗の伝達に必要な6項目の記述●

失敗の伝達に必要な記述

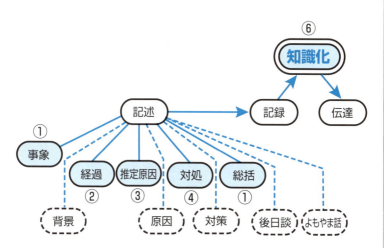

　失敗情報の記述は、①事象②経過③推定原因④対処⑤総括に⑥知識化を加えた6項目で行う。後に役立つ失敗情報を伝えるうえで最も適したスタイルだ。これに、内容がひと目で伝わるようなタイトルをつければ、失敗情報が整理され、その失敗の全容が誰の目にも明らかになるであろう。
※「背景」・「後日談」・「よもやま話」・「原因」・「対策」は、全体を見直して、その失敗を起こす間接的な要因となった様々なことを記す。あとから読む人は、より立体的にその失敗の全体をとらえることができる。

6項目による失敗の伝達②

総括の記述

　その失敗がどんな内容のものであったのか、をまとめます。総括は、失敗情報を正確に伝えるときのひとつのポイントになります。一般に企業などで作成される失敗の報告書や、それをまとめた形の失敗事例集の様式では、総括のひとつ前の対処の段階まで、あるいは教訓という別項目が設けられ、そこで終わってしまいます。

　一つひとつの失敗の内容を伝えるのが目的であるなら、それでも問題はないでしょう。しかし、その失敗からなにかを知識として学ぼうというときには、もう一歩進めた記述が必要です。

　たとえば、居眠りをしていた、間違った薬を患者に投与した、というような直接の原因だけでなく、その失敗を誘発する組織としての問題点、あるいは精神的問題などなど、全体を総括しなければわからないものをあぶり出し、記録としてきちんと残すのです。

知識化の記述

　ここまでの5項目による記述で、その失敗の全容を理解することができます。そして、最後が知識化の記述です。

　知識化は、失敗を分析・検討した結果、その失敗からなにを学ぶのかを抽出し、今後に繰り返さないための知識や教訓として大切です。**失敗情報のなかに、この知識化した記述は不可欠です**。知識化した記述があれば、あとでその失敗について活用しようとするときに使いやすく、ことがスムーズに運びます。組織として失敗事例集のようなものを作成して活用するときにも、あるいは個人として教訓や創造の種としてデータ化した情報を使うときにも、同じような効果が見込めます。

● 失敗知識データベース ●

（事例情報データ項目一覧）

	順番	項目名	備考
標題	1	事例番号	
	2	データ作成日	
	3	著者	
	4	事例名称	
	5	代表図 事例を代表する図	事例を代表する図
概要	6	事例発生日付	
	7	事例発生地	事例が発生した都道府県、市町村名等
	8	事例発生場所	事例が発生した場所の一般名
	9	事例概要	事象、原因、経過、対処等の主要な情報を簡潔にまとめる原因と結果を明確にする
詳細	10	事象	どのような事故、失敗が発生したのか、その事象を記述する
	11	経過	どのように失敗が進行したか、ポイントになる部分をできるだけ詳しく記述する
	12	原因	失敗を起こしたその時点で考えついた推定原因を 記述する後に真の原因が明らかになった場合は追記する
	13	対処	失敗に際して行った応急措置を記述する失敗発生以前に行った措置もあれば記述する
	14	知識化	失敗分析の結果、今後繰り返さないための知識、教訓について記述する
	15	対策	失敗の再発を防ぐために行った、もしくは行うべき恒久的な措置について記述する
	16	背景	失敗発生の間接的な要因となった、各種背景について記述する
	17	後日談	その失敗に関連して後になって起こったこと、関係者のその後、失敗を振り返っての後日談などを記す
	18	よもやま話	この失敗を聞いた者の頭に浮かぶ事柄や類似の失敗など、事例に関するさまざまなよもやま話を記述する
補遺	19	当事者ヒアリング	当事者インタビューの記録
	20	データベース登録の動機	著者がなぜ、同失敗をデータベースに載せることが重要と思ったかを記述する
	21	主シナリオ	シナリオとは、事例が実際に発生するに至った事象の「原因～行動～結果」の一連の脈絡を指す
	22	副シナリオ	主シナリオに次ぐ副次的なシナリオ
	23	補定フレーズ	シナリオ記述に含まれない言葉で、この失敗を言葉で特定するために必要となる重要なもの
来歴	24	事例編集履歴	
	25	情報源	この事例に関する情報の源、参考文献
社会への影響	26	死者数	
	27	負傷者数	
	28	物的被害	建造物、機器等への直接被害を記述する
	29	被害金額	直接被害総金額、その意味、算出根拠等を記述する
	30	全経済損失	間接的影響を含めた被害総金額、その意味等を記述する
	31	社会への影響	事例後も含めて、社会に及ぼした影響等を記述する

※私が統括となってまとめた科学技術振興機構の「失敗知識データベース構築プロジェクト」（P68で紹介）の報告書に採用されたもの。

第2章　失敗情報が伝達されるとき

ヒヤッとした体験が大切だ〜私の失敗

学生たちに伝える私の失敗体験

　20数年前に起こした事故ですが、学生たちに話す機会の多い私の失敗体験です。

　リン青銅という金属を使って材料の圧縮実験を行っているとき、破損した試料がすごい勢いで飛び出し、その破片は私の耳元をかすめたほどで、その場にいた学生も巻き込む死傷事故にもなり得た失敗体験です。

　事故の原因は、①危険と知りながら材料の破壊の性質を調べるのに、通常は引っ張りで行わなければならなかった実験を圧縮で行ったこと、②試験機にガード用カバーをつけずに実験を行ったことでした。

　実験の最中に、私の隣にいた学生は試料が圧縮されてきしむ不気味な音から異常を察知し、いち早く退避しています。もし、その学生が退避していなかったら、直後に試料の破片が直撃したかもしれなかったでしょう。私自身、指導者として大いに反省させられた（じつは私も学生も腰を抜かした）事故でした。学生たちの理解のためにと、通常とは反対のことをしたのですが、結果的に事故を起こしてしまったことを考えると、愚かな判断でした。

　授業のなかで私の体験だけでなく、失敗体験を通じて大切な知識を伝えるとき、ふだんは聞いているのか聞いていないのかわからないような無表情の学生たちが、誰もが夢中になって話を聞きます。自分自身の体験でなくとも、失敗体験には人の関心、興味を引きつける不思議な力があることを実感しています。この実感が失敗学の基本となっているのです。

●「材料の圧縮実験で死にそうになった」●

実験の配置と試料の飛散経路

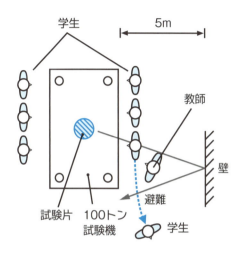

圧縮実験中のリン青銅試料の変形

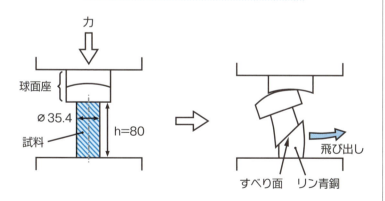

第2章 失敗情報が伝達されるとき

失敗体験は欠かせない

体感が大事だ

　新しいものを生み出したい、企画を立てたいと考えるなら、いちばん大事なことは、まず**行動して体感する**ことです。行動したとき、たとえば、新商品を企画した、新たな料理にチャレンジした、イベントを企画したとき、新たな事業を起こした、そこには必ず失敗という結果が待っています。はじめからうまくいくことは、現実にはほとんどないのです。

　そんな失敗をしたときに、「痛み」「悔しさ」が自分自身のなかに生まれたならば、失敗体験はその人のなかに根づいたということです。決してマイナスではありません。それは、失敗をしたときに、その人のなかに**新たな知識を受け入れる素地**ができたということです。よく「失敗をバネにして」などと言いますが、受け入れの素地とは、この「バネ」のようなものだと考えてください。

失敗から真の理解へ

　正しく新たな知識を受け入れる素地ができた人は、自分の失敗体験だけでなく、他人の失敗体験も吸収でき、さらに学習した知識などを次々と吸収し普遍的知識として蓄積していき、そのなかで最終的には**現象の真の（科学的）理解**へと至るのです。

　その人の頭のなかには現象のモデルができあがっていて、条件変化などによる現象の変化がわかっているからこそ、予期せぬ事態に対しても正しく対応できることになります。逆に、なにも失敗を体験せず、なにもきちんと考えなかった人が、突発的に起きた事態にきちんと対処できるなんてことはあり得ないということです。

● 失敗体験の必要性 ●

第2章　失敗情報が伝達されるとき

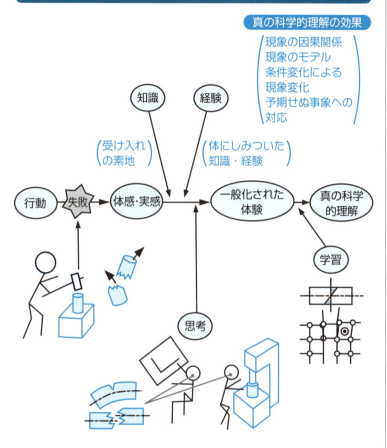

　現象の真の（科学的）理解へ至るには、失敗体験（自身＋他人）は欠かせないのである。次項では、その失敗情報を学ぶ方法と効果をみることにする。

失敗を学ぶ効果

　失敗情報を学習しておくと、次の失敗に遭遇しても致命的な痛手を受けないだけでなく、結果的に成功というゴールまで最速で達することができます。

失敗情報を学習していないと

　通常の人間は、失敗を一つずつ経験し、失敗しては別の道に行きまた失敗し、それを繰り返して元に戻って進んでいきます。そしてついに所期の目的を達して成功するまで、経験を積み重ねます。

　一方、**通常の教育**では、失敗をしないように多くの知識を人間に授けます。ここでは失敗の存在を前提せずに、こうやればうまくいくという成功への一本道を教えるのみです。その道を行けば、実際は必ずわき道にそれて失敗をします。そのとき、その失敗に対する知識がなければ、「行き当たりばったり」の経験を通して進むことになります。通常の教育は、ほとんど無力で、真に成功に至る道筋とはなりません。

　また、世の中には知識を活用せずに**経験のみに頼っている人**がたくさんいます。このような人は、一つの経験から知識を学びとり、それを生かす努力をしていないので、次から次へと失敗を経験し、最終的には成功するという経過をたどります。効率が悪く、成功した場合にも成果は小さい、あるいは成功の直前で時間切れの可能性もあります。逆に、**知識のみに頼ろうとする頭でっかちの人**がいます。こうすればうまくいくはずとか、こうしてはいけないとか、いろいろな知識を持っている人です。仮想演習をやっては、その困難な点を見出し、失敗を結論づけて行動に移しません。なにも行動しないのだから、なにも成功しないわけです。

● 失敗情報の効果を比較 ●

伝達された失敗情報の効果

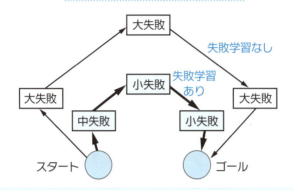

失敗情報を学習しないで、その知識の伝達がない者は、大失敗を繰り返し、大回りしてくびれ果ててゴールインすることになる。

一人の人間における失敗学習方法とその効果

(a) 通常の人間にとっての経験と知識を用いる場合

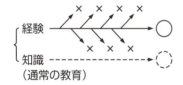

(b) 経験のみに頼る場合

(c) 知識のみに頼る場合

(d) 正しく自己学習を行う場合

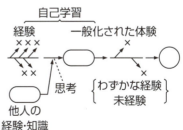

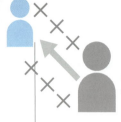

失敗情報の利用

「知識」の伝達

　知識は失敗に限らず、文化、システムとして伝達されることが必要です。図は、組織における知識伝達システムのあるべき姿として示しました。組織内で保存される文書や図面をはじめ、現場からの情報をすべて集中し、**データベース**としてさまざま部署の人が利用できるものです。もちろん、データベースのなかには失敗や不具合の事例が必要です。失敗情報については、先に説明した6項目による記述で整理された情報にして保存するだけでなく、新たな失敗があるとそれに関連した人や部署に瞬時に伝達されるような「失敗情報の伝達システム」が重要です。

　また、このほかにも社会の既存の技術や学会の論文、新聞その他の情報、大学や企業で行われている開発や研究などの情報を、企業内の各部署に伝達する役割の「知識マネージャー」が重要です。

　この知識マネージャーは、まだ専門の職務として認知されずに使われていませんが、今後非常に重要になると考えられます。

JSTの失敗知識データベース

　大きな事故や不祥事が続くことに危機感をいだいた国も、独立行政法人科学技術振興機構（JST）で「失敗知識データベース」を整備し、2003年3月からインターネットで公開しています。機械、材料、化学、建設の4分野の失敗事例を分析したデータベースで、失敗をどう理解したらいいかを、図や表でひと目でわかるようになっています。分野は異なっても失敗には共通要因があることも見てとれるので、ぜひ参考にしてください。

●組織における知識の伝達システム●

知識情報の伝達システム

第2章 失敗情報が伝達されるとき

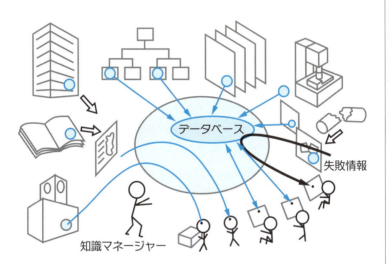

ポイントは、「知りたい人」が「知りたいとき」、「知りたい中身」を「ほしい形」で利用できるものにすること。

※独立行政法人科学技術振興機構（JST）の失敗知識データベース
→http://shippai.jst.go.jp/fkd/Search

失敗情報の伝達

失敗情報の伝達方法

　この章の終わりに、失敗情報を伝える方法を説明しましょう。

　図のうち、まず「**記述**」や「**記録**」による伝達が重要です。記録では、書物の形だけでなく、立体的な画像、動画、音、振動などの実感伝達技術で、直接伝えることが有効です。

「**仮想演習**」も同じ技術で実現できるでしょう。たとえば、飛行機のフライトシミュレーターが有名です。いわば、「仮想失敗体験」です。企業でビデオ映像などを使って行われる「危険予知訓練」もこの一つ。

　「**体得**」の重要性はこの章で述べてきました。失敗の体験を訓練する「訓練失敗」の必要性が認識されて行われています。消火器を使っての火災消火訓練、大地震の揺れや火災時に煙にまかれた状態を体感できる地震体験車や煙体験ハウスがあります。自動車運転中に雨天時の高速走行で生じる危険性の高い、ハイドロプレーニング現象という一種のスリップ状態を体験できる講習も行われています。

　「**教育**」は伝達方法のなかで最も重要なものです。失敗の性質を知るとき、失敗教育はできるだけ人目にふれるように公開で行われることが大事です。対処を教えるのでなく、対話や討論を取り入れて思考させることが効果的です。

　図の最後の「**雰囲気**」は、教育するのでなく、言い伝えや習慣として失敗情報が伝わるようにすること。たとえば、「地震がきたら火を消す」ということを世代を超えて正しく伝え、習慣となるようにすることです。これは非常に重要なことです。

　失敗を文化として社会に根づかせる活動、これが欠かせません。

●失敗情報をどう伝えるか●

失敗情報伝達の方法

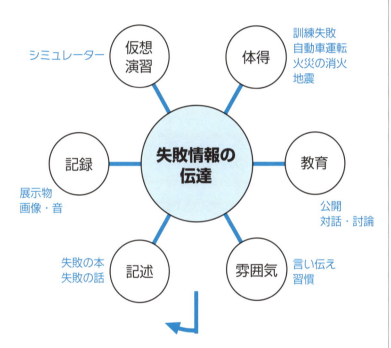

失敗は、ほどよく体験すること。それが成功につながる。
　なにもわざわざ自分が致命的な体験をする必要はない。他人の失敗に学ぶことが大事。次章では、そうした失敗に学ぶ。

「失敗」を第三者により聞き取るとき

重大な事故につながる失敗を当事者が起こしたときには、平常心を失った状態で、実際、失敗を記述できるどころではありません。また、それ以前の問題として、そもそも記述によって正確に失敗情報を伝達できる能力、技術を、誰もが持っているわけではありません。

そうしたときに、第三者が代わって当事者から失敗を聞き取り、知識化することになります。第三者が情報をまとめる際に注意する点は、整理するための多少の客観性も必要ですが、とにかく、当人から話を聞くという姿勢を忘れないことです。

そして第三者の聞き手は、いっさい批判をしないことです。目的はその人の責任を追及することではなく、あくまでもその失敗を知識化し、次につなげるためのもの。批判をすることで当事者が口を閉ざしてしまっては、意味がありません。失敗を起こした当事者は、批判や責任追及を恐れています。自分が吊るし上げられることがわかっていれば、不利な話をしなくなるのは人間の心理として当然でしょう。

そうして当事者に聞いたあとで、第三者の立場でもう一度、失敗に至るまでの客観的な脈絡を立ててみると、より深い知識化がはかれるのです。当事者の話とそれを比較することで、つじつまが合わないなどの矛盾や、当事者が意図して、もしくは意図しないで隠したことも明らかになるはずです。失敗を第三者による聞き取りで行うには細心のテクニックが必要です。

第3章

失敗に学ぶ
ということ

人間のさまざまな営みの結果、
不幸にして重大事故となることがあります。
ひとつの失敗から得ることのできる教訓は大きなものがあります。
この章では、人類がひとつの失敗から未知なるものを発見した、
いわば典型的な例として社会の進歩に不可欠だった三大事故をはじめ、
さまざまな失敗事例を見ることにします。
それらの失敗事例から失敗の萌芽がどのように生じ、どのように成長し、
そして遂に破局に至るのかを学んでほしいと思います。

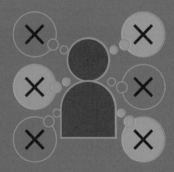

この章のキーワード

三大事故／原因究明と責任追及／ドアプロジェクト／制御安全と本質安全
暗黙知／組織のしなやかさ／見えない壁

社会の発展に不可欠だった三大事故①

　今日の社会を支える技術の影には、多くの失敗がありました。その失敗から人が学んだからこそ進歩を遂げたのです。失敗に学ぶとき必ず語られる、社会の発展に欠かせなかった三大事故があります。

アメリカの戦時標準船の破壊沈没事故

　第2次大戦中、アメリカはヨーロッパ戦線への輸送のため、リバティー船と呼ばれる戦時標準船を全溶接によって大量に建造。ところが就航間もなく、4分の1にあたる船で破壊事故が起こり、さらにそのうちの230隻は破壊により沈没や使用不能に。事故の多くは北洋で、しかも寒冷期に発生し、なかには船体が前後まっぷたつになってしまったものも。事故の原因は、溶接の欠陥、低温脆性があげられ、特に低温脆性が主原因とされました。この**脆性破壊**の問題も当時は未知のものでしたが、材質や加工法などで新たな研究が進められ、その結果、世界の鋼を使う技術、とりわけ溶接技術が飛躍的に進歩しました。

世界初のジェット旅客機コメットの墜落事故

　イギリスが開発した世界初のジェット機が1952年に路線就航しました。翌年には計47機が世界の空で活躍していたコメット機ですが、1954年に2機が相次いで墜落事故を起こすことになり、飛行は全面停止され、イギリスが威信をかけた調査を開始しました。

　原因は、当時は未知のものだった**金属疲労のメカニズム**。コメット機では使用時の条件と異なる条件で耐久実験を行うというミスをおかし金属疲労の寿命の計算を誤り、結果として事故を繰り返すことに。しかし、この事故から高空での金属疲労問題が「知識化」され、航空機の安全性は飛躍的に進歩したのです。

●これを知らなきゃ、もぐりだ！●

技術の進歩に不可欠だった失敗

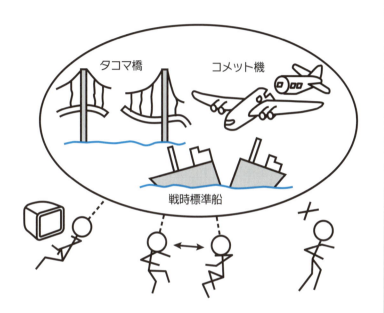

知識化と知識の共有が進歩につながる

第3章　失敗に学ぶということ

　未知に遭遇して起こった重大事故で、見方を変えれば技術の進歩に不可欠だった失敗が事故の形で現れたものといえる。その技術分野では誰でも知っている事故で、「これを知らなきゃ、もぐり」というものがある。事故は重大なものであったが、それをプラスに転じさせる努力が技術の進歩をもたらしたものだ。

社会の発展に不可欠だった三大事故②

アメリカの吊り橋、タコマ橋の崩落事故

　1940年、ワシントン州のタコマに新しい吊り橋が完成しました。このタコマ橋は、当時の吊り橋設計の最先端の一人と言われたモイセーエフという人が設計したものです。

　当時のアメリカは、長引く不況のなかにあり、安価に長い橋をつくれる技術による吊り橋に人々の期待が寄せられていました。しかし、華奢(きゃしゃ)で優雅な姿を見せていた橋は、わずか4か月後に秒速19メートルの横風であっけなく崩落してしまったのです。

　タコマ橋が崩落した原因は、当時は未知のものだった横風による自励振動(じれいしんどう)という現象によるものでした。

　じつは、この橋は完成直後から風が吹くと振動が激しいことが指摘されていて、風洞実験を行っていたワシントン大学のフォーカーソン氏とそのグループにより現地に16ミリフィルムのカメラを設置して監視していました。

　自励振動とは、横風がつくり出す渦により、橋げたがねじられ、さらにねじりが大きくなることで新たな振動を生む共振が起こり、さらに揺れが激しくなるというものです。その結果、タコマ橋は、橋げたが最後はねじれるように振動して、耐え切れずに崩落したのです。この崩落を撮影した記録データやその後の風洞実験解析から、吊り橋の風による自励振動のメカニズムが解明されて、その知識は吊り橋設計の飛躍的な進歩につながりました。

　その後も研究が進められ、秒速80メートルの横風に耐えるとされる日本の明石大橋にも、その教訓は生かされているのです。

●タコマ橋が落ちた●

振動するタコマ橋
(写真提供:University of Washington Libraries, Special Collections, UW20731)

タコマ橋の崩落の瞬間
(写真提供:University of Washington Libraries, Special Collections, UW21422)

※**自励振動**：身近では、高いポールの先で旗が風によって大きく波打つ姿や、水を出しているとき水道管がガタガタと振動する姿に見ることができる。

全線ATS化に つながった列車事故

常磐線三河島駅での列車二重衝突

　1962年5月、常磐線の三河島駅付近で、2本の列車の衝突がらみの脱線事故が起き、脱出した乗客が隣の線路に降りたところに、さらに3本目の列車が進入して衝突。人々を次々とはねる大惨事となり、死者160人、負傷者300人近くを出すまでに至りました。

　原因は、運転士の信号見落としと、特に事故の連絡遅れによるものでした。

　当時の国鉄は、信号所の職員に列車を止める権限を与えず、列車無線での運転士への連絡もできませんでした。それが多くの死者を出す大惨事につながったのです。人は、事故を起こすとパニックになって思考が停止してしまいます。それを想定した教育が不十分だったことで、被害を大きくしてしまうパターンです。

国鉄全線にATSを設置

　この事故から、国鉄全線にATS（自動列車停止装置：停止信号を見落として運転士がなにもしないと自動的に列車が停止するシステム）が設置されました。それとともに連絡用の列車無線の導入と、列車停止の権限を与える対策につながることになりました。

　ATSは、その後に運転士の心理など完全な安全対策としては不十分ということになり、ATC（自動列車制御装置：停止信号を見落としてもなお運転士が列車を進めようとしたら自動的に停止するシステム）に発展しています。

　つまり、**人はミスをするということを想定したシステム**となったのです。

● 常磐線「三河島」事故 ●

常磐線・三河島駅　略図
(三河島駅は、上野駅からの旅客線と田端操車場からの貨物線との合流地点)

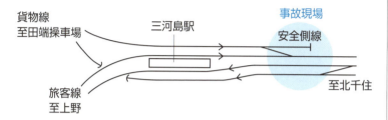

三河島事故の経過

[第一事故]

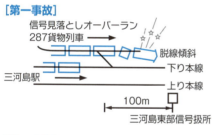

[第二事故]

[第三事故]

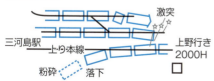

第一～第二事故時点では、負傷者のみで死者はゼロ

脱出した乗客が線路に降りて避難

事故情報の伝達の遅れ

列車が止められずに、人々を次々とはねる第三事故へ
死者は160名に拡大

第3章　失敗に学ぶということ

トンネル火災対策がまったく見直された

北陸トンネルでの列車火災事故

　1972年11月、全長13.87キロメートルの北陸トンネル内を走行中の急行列車「きたぐに」が火災を発生し、死者30名を出すことになりました。長大トンネルでの事故でした。

　原因は、食堂車からの出火でした。車掌が消火をしようとしましたが、火の勢いは衰えず、火災車両を切り離して脱出しようとしたものの架線が火災により停電し、トンネル内で列車が身動きとれなくなってしまったのです。乗客の避難は、反対線路を走行中の列車や救援の列車を派遣して行われました。ところが、トンネル内に充満した煙で作業がはかどらず、その結果、職員1名を含む30名の死者と720名近くの負傷者を出す大惨事となったのです。

　死因は焼死でなく、一酸化中毒によるものでした。事故時の北陸トンネルは、まったく火災対策がなされていなかったなかで、当時の運転マニュアルでは火災が発生した場合、非常停車して消火活動にあたることが定められていたことが、被害拡大につながったのです。

　事故の教訓から、「トンネル内の火災時は、停車せずに走り抜ける」という運転マニュアルの見直し、出火車と同型の食堂車の全面禁止、トンネル内の排煙設備など多くの対策・指針ができました。

　このうち最も重要な対策として、長大トンネル内には避難用のトンネルを設置することになりました。これなしには、どんな対策も本質的な解決策にはならないことを知ったのです。避難通路付きトンネルという設計は、1985年に国鉄が開通させた北海道と本州を結ぶ世界最長の青函トンネルにも生かされることになったのです。

●長大トンネルでの列車火災●

北陸トンネルでの火災

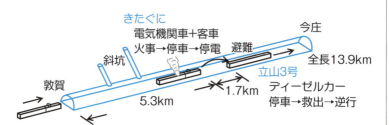

避難通路付きトンネルが、命を救った

英仏海峡トンネルの構造

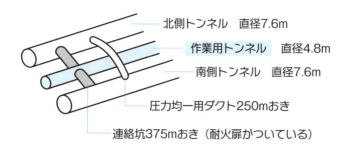

1996年に起きた英仏海峡トンネルの列車火災事故では、隔離された作業用トンネルが避難経路となって、トンネルは焦げたが乗客は全員無事という結果につながった。

第3章 失敗に学ぶということ

大地震の経験が大事故を防いだ

新潟中越地震による上越新幹線の脱線

　2004年10月、新潟中越地震が起こり、上越新幹線が脱線しましたが、乗員乗客は全員無事でした。この事故は「新幹線初の脱線事故」として、大きく報道されたものです。

　1995年に起きた阪神淡路大震災では、鉄道高架橋の橋脚も破壊されました。JR東日本はその経験から高架橋の安全基準を見直していました。

　2003年7月の宮城地震で東北新幹線の橋脚が30本ほど損傷を受けたことを機に、JR東日本はさらに高架橋の安全基準の見直しを行い、東北新幹線と上越新幹線を合わせて82,000本ほどの高架橋のうち、約5分の1にあたる15,000本あまりで補強工事を進めていました。新潟中越地震は、上越新幹線でその補強工事が3,000本ほどを補強したところに起きたものでした。

　その結果は、脱線現場の橋脚も補強工事が済んでいたために、橋脚が壊れず新幹線の走行ルートが確保されて大事故に至らなかったのです。もし、橋脚が壊れていたら、車両が吹っ飛んで脱線転覆し、「一人のけが人もない」どころか多くの犠牲者を出すことになったかもしれません。この事故を伝えたマスコミ報道は、「新幹線の安全神話の崩壊」というマイナスに目を向けた扱いが目立ちました。しかし、安全基準の見直しをして愚直に15,000本もの橋脚に補強工事を進めていたことに目を向けたなら、この事故は過去の失敗に学んだ近年まれにみる成功例です。そして、さらに技術を発展させていく努力を続けること、それこそが大事なのです。

これは失敗に学んだ成功例です

新幹線初の脱線事故

新潟中越地震で脱線した上越新幹線（写真提供：毎日新聞社）

第3章　失敗に学ぶということ

失敗を探る〜大型自動回転ドア事故①

大型回転ドアに挟まれる事故

2004年3月、東京六本木にある森ビル（通称、六本木ヒルズ）で、大型自動回転ドアに6歳の男児が挟まれて死亡するという事故が起きました。事故後、ビルの管理者とその自動回転ドアの製造者の責任が問われ、それについてのさまざまな報道がなされ、司法当局も事故の責任追及に動き出したのです。

原因究明と責任追及

私はそうした報道に触れ、責任追及だけが問題にされるばかりで、事故の原因究明がきちんとなされないままに終わる、それは同じような事故を繰り返すことにつながると考えました。

日本の風潮として、責任追及をして当事者の処分が決まると、その問題自体が解決したかのように思い、原因究明がおざなりにされがちです。多くの事故で原因究明と責任追及が混同され、きちんと原因究明に至らないままに、幕が閉じられてきました。

失敗に学び、それを繰り返さないためには、裁判のための原因調査ではなく、事故の本質を探る原因究明が不可欠です。

ドアプロジェクトを発足する

事故に関係のない第三者が事故原因を究明する調査の必要性を考えた私は、一個人としてドアの危険性と安全化への指針を得る目的で、「**ドアプロジェクト**」を立案し、さまざまな企業や個人へ呼びかけをしました。そうして事故から3か月後には、事故当事者のビル管理会社や事故ドア製造者も含め、多くの企業と個人の参加を得てドアプロジェクトが発足したのでした。

●ドアプロジェクトによる実証実験①●

事故を起こした自動回転ドア

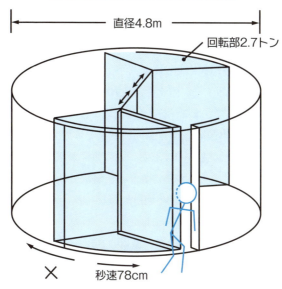

亡くなった男児は、回転部と支柱の間に挟まれた

大型自動回転ドアにおける挟まれ力の測定波形の概形

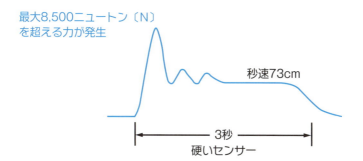

第3章 失敗に学ぶということ

失敗を探る〜大型自動回転ドア事故②

ドアには大きな危険が潜んでいた

　ドアプロジェクトの実証実験は、回転ドア、エレベータードア、スライドドア、シャッター、開き戸、鉄道在来線ドア、新幹線ドア、自動車ドアなど、さまざまな「ドア」を対象に行われました。

　実験の結果、事故の大型自動回転ドアでは最大8,500Nを超える力が発生することがわかりました。人の頭部が破壊される力は、約1,000〜2,000Nと考えられることから、事故では致命的な力を受けたことになります。さらに、小型自動回転ドア、シャッターでもその2,000Nを超えることもわかりました。

　自動ドアのエレベータードア、電車のドア、自動車のスライドドアなどでは、1,000N以下の力しか発生しませんでした。ところが、自動車でも手動のスライドドアや手動の開きドアでは2,000Nを超える大きな力が発生するという意外な結果が判明。「人間が操作するのだから安全」と思い込んでいる手動ドアのほうにも大きな危険が。

仮想演習が大事

　これらの実験から、人が挟まれたらなにが起きるかという仮想演習が大事であることがわかります。事故の回転ドア製造者もビル管理者も、それを怠ったことが事故につながったのです。

　ここで重要なことは、安全性をセンサーによる制御装置のみに頼って、その前に必要な人に致命的な損傷を与えることのないようなシステム、つまり「**制御安全**」でなく「**本質安全**」が欠けていたことです。大きな危険が潜むドアを制御安全でカバーしようとしたこと、それが間違っていたのです。

●ドアプロジェクトによる実証実験②●

あらゆる「ドア」を対象にした

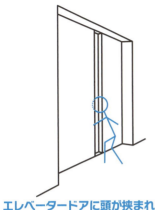

エレベータードアに頭が挟まれる状況の測定

スライドドアに頭が挟まれる想定

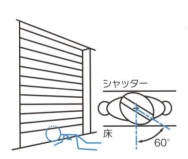

シャッターに頭が挟まれる想定

最近のシャッターには自動反転装置がついているので、なにかに触れるとすぐ上がるようになっている。そのため、通常はあまり危険なことは起こらないと思われる。

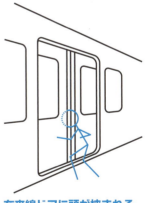

在来線ドアに頭が挟まれる状況の想定

第3章 失敗に学ぶということ

失敗を探る〜 大型自動回転ドア事故③

　なぜ、事故の自動回転ドアは、2.7トンと重くて大きなものになったのでしょうか。

情報断絶による事故

　事故を起こした回転ドアの技術はヨーロッパから移入してきたもので、ドアプロジェクトの調査では回転部が同じ寸法なのにもとは約1トンであることがわかりました。過去の経験で「大型では回転部の質量が小さくなければ危険である」ということが、かの地では意識されていたのに、日本に技術が移入されたときには、その知識が忘れられてしまったのです。

　さらに日本では、①高層ビルで取り付けられるために耐風耐圧が求められてその構造により重量が増え、②それが中心駆動部を外周駆動に変えることになり、③そのうえ見映えからステンレス張りにするといったことも重なることで、ヨーロッパのものより約3倍もの重量になってしまいました。こうした設計変更に加え、技術移入したヨーロッパの企業の撤退があり、安全に関する技術はほとんど伝えられなかったという事情があります。

暗黙知を生かせ

　さまざまな技術者が参加したドアプロジェクトで判明したものの一つとして「10ジュール則」があります。ほとんどの自動ドアでは「運動エネルギーが10ジュール以下でないと危険」という設計がされていました。この暗黙知が共有されていれば、事故の回転ドアの設計で重量が増えたなら、回転速度を見直すという知恵が働いたのでは、と思います。

● 情報断絶と途中変更が事故をまねく ●

技術の系譜

—日本に伝わるとき大事なことが忘れられ、余計なものが加わった—

付加設計とトータル設計の例

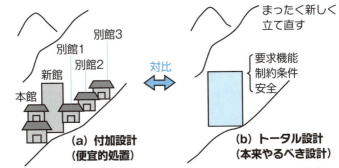

継ぎ足しをやっていると、ついにはひどいことになるー山の中の温泉宿ー

要求機能を満たしながら、いろいろな要素を付け足していく「付加設計」がある限度を超える

要求機能・制約条件・安全を満たすべく、まったく新たに設計しないと、必ず事故は起きる

第3章 失敗に学ぶということ

失敗を探る〜
繰り返される鉄道事故①

JR福知山線脱線事故

　2005年4月、JR福知山線の7両編成の快速列車が尼崎駅手前のカーブを曲がりきれずに1両目から4両目までが脱線し、マンションに激突。死者107名、負傷者約550名を出す大惨事となりました。直接原因は、列車が半径300メートルのカーブに制限速度が時速70キロメートルのところ時速110キロメートル以上で進入したことによるものでした。

　事故後の緊急対応のまずさもありました。事故車両の車掌が周囲の電車に緊急停止を命ずる防護無線機の操作を十分理解していなかったため、作動できなかったのです。対向列車の運転士が事故現場手前の踏み切りの異常を知らせる特殊信号発光機に気がついて停止し、防護無線機のボタンを押していました。もし対向列車の運転士が気づかなかったら、どうなっていたか。さらに恐ろしいことに、なぜ踏み切りの特殊信号発光機が作動したのか不明ということです。「幸運な偶然」がなかったら過密ダイヤで対向・後続列車がまさに迫っていて、二重衝突、三重衝突は避けられなかったでしょう。

事故を矮小化するな

　事故が起きたときのJR西日本幹部の対応は、当事者意識を欠いていたと言われてもしかたがないものでしょう。しかし、その後、職員の「ボウリング問題」「ゴルフ問題」などと報道が一色に染まってしまったのは、事故の本質を矮小化してしまうものでした。また、事故の原因を「JR西日本の利益重視・安全軽視体質」とするような報道も、次の大事故の準備をしているようにしか思えません。事故の本質の追究なしには、この失敗に学ぶことはできません。

列車がカーブに高速進入し脱線

脱線事故を起こし、先頭車両がマンションに激突したJR福知山線の快速列車
（写真提供:共同通信社）

第3章　失敗に学ぶということ

失敗を探る〜
繰り返される鉄道事故②

信楽高原鉄道事故

　1991年5月、JR西日本の臨時列車が、信楽高原鉄道の普通列車と正面衝突。当時、「世界陶芸祭」が行われるなかで、死者42名、負傷者610余名を出す大惨事となりました。最大の原因は、信楽駅で赤信号だった信楽高原鉄道の列車が信号を無視して発車したことでした。

　信楽鉄道では、事故以前に信号が原因不明の故障を繰り返し、その原因が不明なままに、信号の代わりに人を使って確認して運行するなどのマニュアル無視の不安全行為で対処していました。

　信楽駅の信号が赤のときに出発しても、小野谷信号所の信号を赤にして正面衝突が防げる誤出発検知装置が働くはずでした。ところが、一方のJR西日本ではその誤出発検知装置より強い信号発生装置を設置したのでした。その装置によりJR西日本の列車を優先して運行できるものです。驚くことに、その設置を信楽鉄道に教えずに勝手にしていたのでした。事故は起きるべくして起きたのです。

しなやかさを失ったとき組織は

　この事故で、両社に対して遺族は民事裁判に訴えました。99年の一審で両社ともに過失を認定されましたが、JR西日本は事故に責任がないとして控訴し遺族への謝罪も行わずにいました。ようやく2003年の敗訴を機に、JR西日本は謝罪し、賠償責任を認めたのでした。ここで私が思うのは、JR西日本は裁判に勝とうとしている10年あまりの間に安全対策の改善という部分で負けてしまったのではないか、ということです。外部に対して防衛しているうちに、組織が「しなやかさ」を失い、こわばってしまったのです。

● 事故は起きるべくして起きた ●

信楽高原鉄道での正面衝突

[信楽高原鉄道]
・赤信号を無視した発車
（マニュアル無視の不安全
行為を生む組織不良）

[JR西日本]
・信号システムの勝手な変更
・変更の不通知

↓

列車の正面衝突事故

　事故から10年あまりJR西日本は組織がこわばってしまい、この事故に真摯に学ぶことができなかったのではないか。万が一であるが、それが福知山線脱線事故の遠因であったなら、ツケは大きすぎる。

失敗を探る〜
繰り返される鉄道事故③

営団地下鉄日比谷線脱線衝突事故

2000年3月、営団地下鉄日比谷線の中目黒駅付近の急カーブで、8両編成の列車の最後部車両が脱線。反対線路を走行中の列車と衝突し死者5人、負傷者60余名を出す惨事となりました。

原因は、急カーブで速度が遅かったために、車軸の微妙なアンバランスが影響して「せり上がり脱線」が起きたことによるものでした。列車の脱線事故は、カーブが急な場所を高速走行することから起きると思っている人がほとんどでしょう。この事故は、高速走行なら問題にならない場所でも低速走行することで脱線が起きるという貴重な教訓となりました。

真の原因は隠れたがる

しかし、この事故がまったく予測できなかったというわけではありません。1986年に東急電鉄の横浜駅で同様の事故（幸い乗客は乗っていなかった）が起きていて、原因は解析済みで対策をした同社から全国の鉄道会社に向けきちんと通知されていました。しかし、その情報が生かされず、より深刻な形で起きてしまったわけです。

事故調査委員会の報告では原因を、低速で車輪がせり上がって起きた「複合脱線」としています。たしかにそうなのでしょうが、原因を複合とすることはかえって真の原因をあいまいにすると私は思います。この事故から学ぶのは、「低速でも脱線が起きる」、それは「車輪にかかる荷重（輪重）が後々の改造などで左右に片寄ってしまう」のが原因ということです。「複合」とするような、いわば責任を分散して始末するやり方は、真の原因を隠すことにもなりかねないことなのです。

●「低速でも脱線は起きる」●

脱線衝突事故で大破した営団地下鉄日比谷線の車両
（写真提供:共同通信社）

　列車が脱線するのは、急カーブを高速走行することから起きるだけではない。高速走行なら問題にならない場所でも、低速走行することで脱線は起きるのだ。
　惨事となった事故であるが、貴重な教訓を与えてくれた。

国産宇宙ロケットは「失敗」か

H2A-6号機の打ち上げ失敗

2003年11月、情報衛星2基を載せたH2A-6号機が鹿児島県種子島宇宙センターから打ち上げられました。しかし、第1段ロケットに取り付けられた大型固体補助ロケット2本のうち1本を分離できなかったために、十分な推進力を得ることができず、予定の衛星軌道に投入できる見込みがなくなったために、打ち上げから約11分後に地上からの指令でロケット全体が爆破されたのでした。

打ち上げに失敗すると、「無駄づかい」「後発の中国にも先を越されそうで、日本のロケット技術はたいしたことない」などと批判が飛び交いました。それまでH2Aは、5回成功しているのにもかかわらず、1回の失敗だけでダメと決めつけてしまうのです。

ロケットの開発というのは、未知の領域へのチャレンジです。未知の領域へチャレンジする際、最も大事なこと、それは「ちゃんと賭けをして、失敗すること」なのです。未知の領域を進んでいくと、「**見えない壁**」があります。これは、成功しているうちには見えず、失敗したときにはじめて、そこに壁があったと気づくというものです。このようなチャレンジでは、どんなに仮想演習しても、事前に気づくことは無理です。想定外のことをどう想定するかは、これからたくさんのロケットを打ち上げ、その経験から学び取る以外に方法はないのです。

3章「失敗に学ぶということ」を終えるにあたり、言っておきます。**想定外の事態にぶつかるということは、フロントランナーの証です。**その想定外の出来事は、いわばダイヤの原石であり、原石を磨き上げることが進歩につながるのです。

● 未知の領域へのチャレンジ ●

失敗を通じてのみ技術の壁の存在がわかる

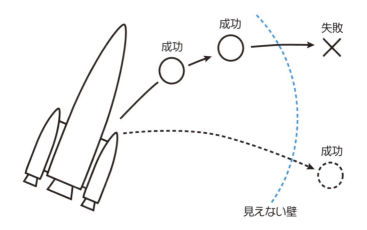

[H2A-6号機の失敗に学ぶ]

> H2Aロケットは、2005年2月に打ち上げた7号機以降、2015年3月に打ち上げた28号機まで、22回連続して成功している。その成功率は96.3％に達している（2015年5月現在）。

第3章 失敗に学ぶということ

失敗に光を——失敗博物館

失敗を社会に文化として根づかせるための活動拠点として、私は「失敗博物館」を提唱してきました。私から見て、その第1号とも言えるのが、JR東日本の「事故の歴史展示館」です。

　福島県白河市にJR東日本総合研修センターがあります。そこに2002年11月にできたのが「事故の歴史展示館」。展示館は、職員が事故から学ぶために設けられたものです。過去の重大な事故を写真やコンピュータ映像などで紹介し、失敗情報の伝達と失敗を疑似体験できる施設になっています。

　ドアプロジェクトでは、六本木ヒルズの管理者や回転ドア製造会社にドアの実物を動く状態で「動態保存」することを要請しました。それが理解された結果、2005年9月にビルから撤去されたドアは製造会社の工場で動くように組み立て直され、毛呂山町の工場で、社員の安全教育に利用されることになっています。また、事故やミスで話題に上ることが多かった日本航空では、新聞によると2006年4月、東京都羽田の施設内に「安全啓発センター」を開設。1985年8月に起きた群馬県の御巣鷹の尾根に墜落したジャンボ機の事故原因となった後部圧力隔壁のほか、事故現場から回収された垂直尾翼や胴体、座席の一部などを中心に展示して社員の安全教育研修で使用するほか、事前に申し込めば一般公開にも応じるそうです。

　失敗を隠す時代ではありません。こうした動きで、社会のなかに失敗が根づいていくことを願ってやみません。

第4章

失敗が創造を生む

失敗に学び、創造へ向かう道は「失敗学」の大きな柱のひとつです。
この章では、失敗を創造の過程にどのように取り入れるか、
その考え方を説明します。
創造のスタートはまず行動すること。
創造力とは新しいものをつくり出す力を意味している以上、
失敗は避けられませんし、失敗を恐れて創造はできません。
思いつきノートや思考平面図、思考展開図、仮想演習、
課題設定にふれながら説明していきますので、
創造するときにきっと役立つと思います。

この章のキーワード

定式化／創造／思考平面／仮説立証／思考のけもの道／ブラッシュアップ
仮想演習／水平法／思考演算法／対話法／ブレインストーミング
思いつきノート／思考展開図／課題設定／知の引き出し

失敗から定式化する

　1章のはじめに、いまの日本の社会が「うまくいくやり方を学ぶ」だけの従来型ではうまくいかない、という現実に直面していることを述べました。

　こうすればうまくいくやり方が「定式(ていしき)」です。定式がなければ、たとえば日常のことでも仕事でもすべて手探り状態でしなければなりません。うまくいくはずがありません。

定式は過去の失敗の積み重ね

　そうした定式も、もとをたどれば過去の失敗の積み重ねによってつくられたもの。その意味では、意識しているかどうか別としても、従来の定式が通じている時代とは、過去の失敗をすべて生かせている状態とも言えるでしょう。

定式をつくる

　逆に、いま「うまくいかない」のは、従来の定式が通用しなくなっているからです。すると、いま私たちに必要なのは、新しい時代に合った定式をつくることです。かつての定式を「なぞる」のでなく、「つくる」ことなのです。

　新しい定式を生み出すには、まず行動してチャレンジすることから始めるしかありません。新たなことに積極的にチャレンジするとき、そこには必ず失敗がついてまわりますが、そうした失敗の積み重ねの上にしか新しい定式はつくれません。この新しい定式を生み出すこと、それが「創造」することです。この章の以降のページで、創造に至る過程を見ていきます。そのなかで、**創造とは、「失敗から定式化」の繰り返しで生み出される**ことが明らかになります。

● 失敗からの定式化 ●

定式化のたどるらせん

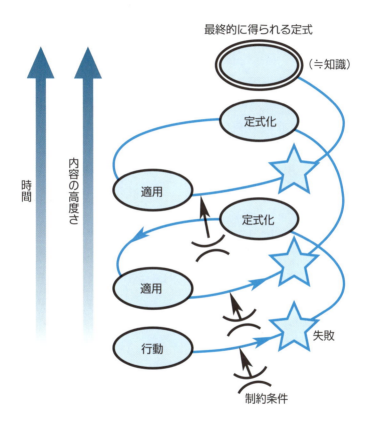

新しい定式を生み出すことが創造であり、創造は失敗から定式化の繰り返しから生まれる。

アイデアのタネを
ばらばらに落とす

　創造とは、まったく新しいものを生み出すことです。
　そのとき人の頭のなかでどんな思考が行われているのかを見ることにしましょう。

創造のはじめの過程

　人が思考するとき、アイデアのタネになるソース（源）にはさまざまなものがあります。学校などの勉強で得た知識や、山勘的な思いつき、失敗体験のように経験的に学んだものなどです。これらのアイデアのタネが、生き方や好みという個人のフィルターを通して思考の場である「**思考平面**」にばらばらに落とし込まれるところから創造はスタートします。

アイデアのタネは孤立し、結びつきもない

　これらのアイデアのタネは、思考平面に瞬間的かつ同時に多数のものがなんの結びつきも論理性もなく、ばらばらに落とし込まれるのが特徴です。
　この段階では、それぞれのアイデアのタネは孤立し、お互いの結びつきなどはまったくありません。

アイデアのタネに制約をつけない

　質的な違いを無視して、なんでもかんでも一つの平面上に落として考えることには、抵抗があるかもしれないでしょう。しかし、ここで「質的な違いにとらわれる」ことは、せっかくのタネを「使わない理由」にすることになります。
　創造においては、どのようなタネでも制約を課すことなく自由に使うという姿勢が大事なのです。

●頭のなかではどう思考が行われているか①●

構想のはじめの段階で頭のなかに生じること

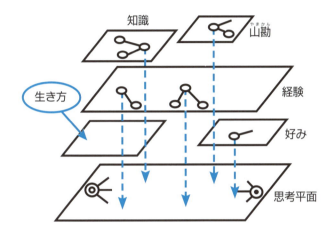

(a) さまざまなソースから生み出されるアイデアと思考平面への投影

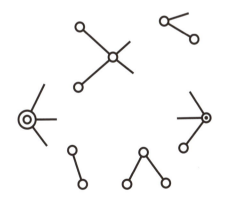

(b) 思考平面に投射された孤立しているアイデア

ばらばらに脈絡をつける

とにかく始点から終点まで結ぶ

　創造の次の段階は、**思考平面上にばらばらに存在しているタネ同士くくって、脈絡をつける作業**を行います。まず、とにかくアイデアのタネとなりそうなものを取り出します。

　次に、なんでもいいから始点から終点までを結びつけます。そして、始点から終点までつないだ脈絡の無理、むだをなくし、素直な結びつきに直していくことが創造の基本的なプロセスです。

仮説立証

　まったく新しいものを生み出そうというときには、孤立したアイデアのタネとタネを結びつけ、はじめはとにかく、なんでもいいから始点から終点まで脈絡をつけてみるのがコツです。どうしても脈絡がつかず、つながらないこともあります。そのときは試していた脈絡を潔くあきらめて、まったく別の脈絡でつなげてみるのです。

　この試行錯誤を失敗学では「**仮説立証**」と呼んでいます。創造するなかでは失敗を繰り返すのは当たり前のことで、これが「創造には失敗がつきもの」と言われるゆえんでもあるのです。

思考のけもの道

　創造力に長けた人には、この脈絡のつなげ方に「思考のけもの道」のようなものができていることがあります。動物が警戒をしないでも安心して通れるような、いわば安全に便利にいつでも使える思考のパターン。この「思考のけもの道」をいくつか持っていると、それだけ失敗することも少なく、早く解に達することができます。

　これは、いまの学校の授業では教えることができないものです。

頭のなかではどう思考が行われているか②

構想の次の段階で頭のなかに生じること（脈絡をつけること）

仮説立証による決定過程

(a) とにかくタネになりそうなものを取り出してくる

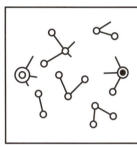

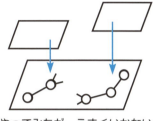

やってみたが、うまくいかない（失敗）

(b) 何でもいいから始点から終点までを結びつける

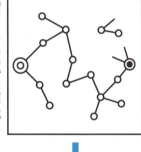

潔くあきらめて次を試す

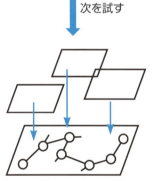

抜け・矛盾・むだがあるが、初期の目標は達する（成功）

(c) 無理・むだを排し、素直な結びつきに直す

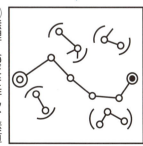

さらに仮想演習が不可欠

　前項の仮説立証によって、とにかく始点から終点までつながった状態になれば、とりあえずの目的は達成されます。たとえばテーマが自動車なら、「かろうじて走る」程度のもの、新商品の開発なら、「一応開発された」程度でしかありません。この段階は、むしろ創造のスタート地点と考えることが必要です。

　失敗を糧に創造を行う力を持っている人と、失敗と正面から向き合わずに新たなものを創造するのが苦手という人の差は、ここからの姿勢の違いにあるとも言えます。

　創造のプロセスの段階として、いいものを創造するうえで必要になるのが、いったん完成した始点から終点までの道筋を見直しながらよりスムーズな道筋に修正していく「**ブラッシュアップ**」という作業です。ここでは無理やむだを排し、あるいは足りないものを補うことが必要になり、何度も検討して脈絡をつけていきます。

仮想演習

　こうした**ブラッシュアップに不可欠なのが「仮想演習」**です。仮想演習は、想定されるさまざまな状態を考えてシミュレーションを行っていくもの。新商品の開発であれば、この段階で「どんな価格なら売れるのか」「デザインはこれでいいのか」「もし売れなかったらデザインをどう変えるのか」「状況が変わったら、どのように対応するのか」といった様々な問題を想定しながら創造したものに検討を加えていきます。つまり、「こうなったら、どうなる」という作業を繰り返し、創造したものに磨きをかけていくことです。この仮想演習が不十分だと、新商品であれば、世に出たとき泣きをみることになるでしょう。

● 仮想演習で磨きをかける ●

仮想演習

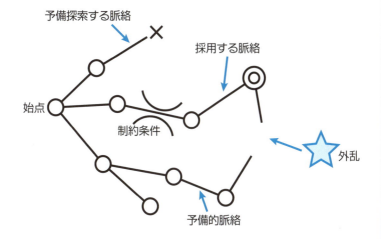

ブラッシュアップしながらシナリオの完成度を高める

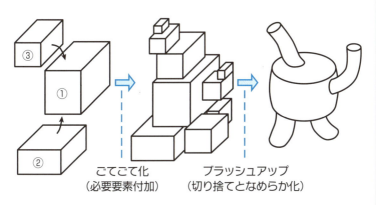

(a) 求められる要素　　(b) 組合せただけの粗形　　(c) むだを切り捨てて得られる形

第4章　失敗が創造を生む

アイデアを得るにはどうすればよいか

　ここで、アイデアを効率よく得る4つの方法を説明しましょう。

水平法

　他の分野の知識や常識を自分が取り組んでいる分野に当てはめたり、逆に自分が得意とする分野の知識や常識を他の分野に当てはめて新しいアイデアを得る方法です。水平法は、新しいアイデアを自分一人の力で、どんな人でも生み出すことができます。重要な点は、最初から否定せず可能性に目を向けることです。

思考演算法

　たとえば、原因と結果、入力と出力をあえて逆に入れ替える「逆転・交換」や、「直列・並列の入れ替え」、あるいは**足し算・引き算・かけ算・割り算の発想を利用する「四則」**などがあります。思考演算法は、「結果はわからないが、とにかくやってみる」のが大切。やってだめなら別の演算を試み、成功ならそれを採用するのです。

対話法

　対話法の第1は、アイデアを**誰かに話し**、相手の反応や質問から自分の考えを深めていく方法です。相手によりアイデアの質が左右されます。第2は、**誰かに話すことを想定し**、相手から予想される質問への回答を考える方法です。対話法に慣れると、**他人を介さずに**、仮想に相手と問答しながらアイデアを深めることもできます。

ブレインストーミング法

　さまざまな種類の**多人数**で行う方法。ある課題を設定し、集まった人がそれについて自分が考えること、そこから連想されることを出し、考えをぶつけ合いながらアイデアを生み出す方法です。

●アイデアを得るための4つの方法●

(a) 水平法

(ⅰ) 他の分野の知識を自分の分野に当てはめてみる

(ⅱ) 自分の分野の知識を他の分野に当てはめてみる

> たとえば、繊維開発なら「同じように細くて長いもの」ということで、電線の製造、うどんやパスタの製造機も参考になるかもしれないという具合。

(b) 思考演算法

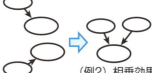

(例1) 逆転・交換

(例2) 相乗効果

> モーター「電気を流すと軸が回転する」
> ➡「軸を回転させると電気が起こるかもしれない」
> ➡発電機の発明

> 別々に行われている作用を同時に2つ及ぼすことにより、プラスした以上のものが生まれるか?

(c) 対話法

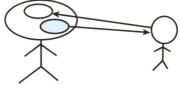

(d) ブレインストーミング法

> 注意点①同じような問題意識と意識レベルを持ちながら、できれば考え方が違う、専門領域が異なる人を集めるほうがよい、②議論のなかで他人の考えを攻撃したり批判したりすることを禁止する

第4章 失敗が創造を生む

思いつきノートを活用する①

アイデアを忘れてむだにしない

　前項でアイデアを得る効率的な方法を説明しましたが、アイデアというのは、ひょんなところから生まれるものです。たとえば、街で目にしたものがヒントになったり、電車のなかで突然にアイデアが湧いてくることもあります。そうしたとき、なにかのときのために憶えておこうと頭のなかにしまっておいても、すぐに忘れてしまうものです。アイデアをむだにしないで保存しておくのが、私が日頃からやっている「**思いつきノート**」というものです。いわば、自分専用のアイデアメモですが、思いついたアイデアを深めて創造に使うことができる状態にする点が単なるメモと異なります。

　思いつきノートは、人に見せるためのものではありませんから、記録はどんな紙を使ってもかまいませんが、大学ノートないしA4程度の紙を使ってバインダーなどにきちんと保存しておくと、あとから見直すとき便利です。そして、**どの紙にもそのアイデアを思いついた年月日とその内容を代表する表題をつける**ことを、必ず守ってください。表題はあとから見直したり、検索するときなどに役立つキーワードです。

思いつきノート1枚目

　とにかく思いついたことを自由に書きます。箇条書きやイラストでもなんでもかまいません。1枚目には、その思いつきを書こうと思った**動機**と**背景**も記します。ポイントはあとから見て、わかりやすいことと、正確に理解するために自分のそのときの正直な気持ちを書くことです。1枚目では、漠然としたテーマで思いついたアイデアをばらばらでかまいませんから、とにかく記しておきます。

●思いつきノート1枚目●

(a)ばらばらの思いつきをとにかく紙に描く

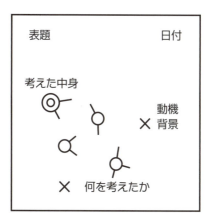

思いつきノートのルール

1 用紙の右肩に年月日の記入
2 用紙の左肩に内容を代表する表題をつける

 動機と背景：
「電車のなかで外貨預金についての会話を耳にした」
「これに触発されて自分でも何か考えてみようと思った」

表題：「お金の運用法」

1枚目の内容だけでも、あとの創造が楽になるが、この状態ではまったく整理がされていない。次ページの2枚目の作業に移る。

第4章 失敗が創造を生む

思いつきノートを活用する②

思いつきノート2枚目

2枚目は、ばらばらに書き記したアイデアのタネに**脈絡をつける作業**をします。

漠然と設定したテーマからスタートして、一応の結論に至る流れをつくってみるのです。

脈絡をつける

思いついたアイデアを使ってある「構造」をつくっていくのですが、共通概念でくくって取捨選択をし、脈絡をつけていくというやり方です。

そうして脈絡が整理されてくると、テーマのなかで自分が行おうとしている漠然とした方向性が見えてきます。さらに、具体的な課題が明らかになったり、自分が抱える問題点もはっきりします。目的を達成するためにはどんな知識や助力が必要となってくるのかも理解できるようになるはずです。

思いつきノートの作業のなかでは、漠然としたテーマを設定してスタートしても、この2枚目の段階でアイデアのタネに脈絡をつけているうちに、**必ず取り組むべき「課題」が明らかにされていく**のです。

1枚目の作業ではじめは明確なテーマを決める必要がないと言ったのは、こんなからくりがあるからです。創造思考のよほどの熟練者でなければ、そもそも自分で課題を設定することなんて、むずかしくてできないでしょう。ですから、思いつきノートを自分が取り組むべき「真の課題」を探るために使うというのも、有効な活用法と言えます。

● 思いつきノート2枚目 ●

(b)脈絡をつける

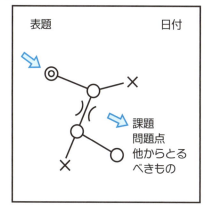

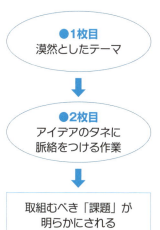

1枚目でばらばらなアイデアを記し、この2枚目で脈絡をつけるまでの作業は、必ず実行しておくのがよい。さらに余裕のある場合は、次のページの3枚目、4枚目に進む。

思いつきノートを活用する③

思いつきノート3枚目

　3枚目では、**具体化を考え、個々の問題解決をしていく作業**をします。

　2枚目で明らかにされた課題を考え、それをある**制約条件のもとで実現するための具体的な解決方法を探り、具体案にしていくわけ**です。ここでの作業は、企画や計画、設計など、いわゆる創造的と言われる仕事とまったく同じです。図では、課題が機能に、具体的解決方法が機構に、具体案が構造に該当しています。

思いつきノート4枚目

　最後の4枚目では、**ここまでやってきたものの発展を考えます。**たとえば新商品を開発したなら、どこに売り込んでどうユーザーに提供するのか、事業化に際して必要となるパートナーをどう見つけるのか、特許はどうするべきか、など事業として成り立たせるにはどんな事柄を考えなければいけないのかを**仮想演習**するのです。

　この発展を考える段階や、その前の具体化の段階では、注意しなければならないことがあります。それは、必ず肯定的かつ積極的な考え方をするということです。「こんなことは誰かが企画しているはずだ」「こんなものは誰かがもう売っているだろう」などと、ことを始める前から可能性を自分でつぶしてしまわないことです。もしも「誰かがもうやっている」のが現実であったとしても、個人が創造の種をたくわえる作業をする思いつきノートでは、まったく関係ありません。思いつきノートは、創造するための思考の訓練にもなります。**自分でいたずらに否定的な制約条件をつけるのでなく、自由な発想で取り組むこと、それが大事です。**

●思いつきノート3枚目と4枚目●

(c)具体化を考え、個々の問題を解決する

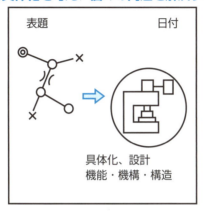

(d)発展を考える

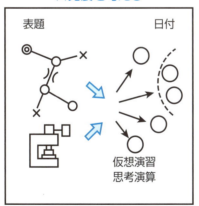

第4章 失敗が創造を生む

思いつきノートにたくわえたアイデアをデータベース化すれば、10年後、20年後になって活用する、ということも夢ではない。

アイデアを整理する

　アイデアのタネがばらばらに思考平面に落ちて、それに脈絡をつける作業をすることを説明してきました。ここでは、アイデアを整理する、あるいは他人に"論理的"に伝えるのに、非常に便利な「**思考展開図**」を説明します。

思考展開図

　思考平面上で始点から終点に向かって脈絡づけられた流れは、たとえばまったく新しいものをつくり出す創造的設計を例にとると、左の要求機能から始まって、機能、機能要素、機構要素、構造、全体構造と進みます。各段階は整然と順番に進むものではなく、実際の人の頭のなかでは飛び飛びに進み、試行錯誤しながらしだいに全体像がかたまっていくのです。

　この図をわかりやすく表現したのが、右ページ下の「思考展開図」です。この思考展開図を使えば、要求機能がどのように具体化するかが一目瞭然でわかることができます。ですから、考えている当人が、**自分の考えている中身をきちんと整理する**ことができるだけでなく、**その考えの脈絡を他人に「正確に伝える」**のにもたいへん有効です。

思考展開図は創造に便利

　この思考展開図は、設計にかぎらず、ゼロからまったく新しいものをつくり上げようとするとき、思いついたアイデアをこの図に当てはめながら検討することで、そのアイデアを形にするのになにが欠けているかが、手に取るようにわかる非常に便利なものです。図のように、要求機能は「課題」に置き換えられるのをはじめとし、「課題要素」→「解決案」→「具体案」→「全体計画」という言葉に。

● 思考展開図 ●

創造的設計における思考展開

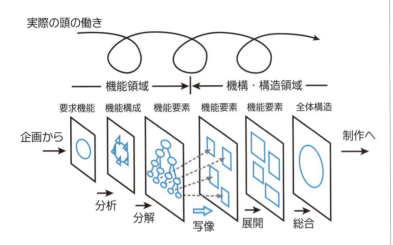

思考展開図

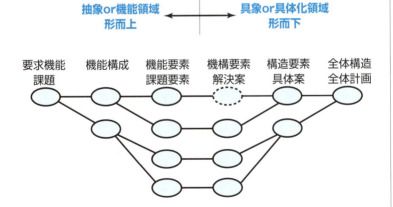

第4章 失敗が創造を生む

課題設定をする

　創造作業の大きな流れは理解できたでしょうか。

「課題」は行動を起こすときのテーマ

　創造、つまりまったく新しいものをつくり出すために、最初にすべきことは、**自分で課題を設定する**ことです。課題は問題意識という言葉でも置き換えられます。つまり、**課題とは「自分がいま何をすべきか」という、行動を起こすときのテーマ**です。そして、それを解決する方法を考える。この「課題設定」こそ創造のはじまりであり、そして創造力をきたえるのです。

　「課題設定」といっても漠然として、はじめはなにを課題に選んだらよいかわからないと思います。まず、なにか一つの事柄をよく観察してみましょう。そこにどんな問題が起きていて、それに対して「自分はなにをすべきか」を考えるのです。

課題設定の例

　たとえば、街を歩いていて自動車が塀にぶっかって、ひどい状況の事故を目にしたとしましょう。そこで、「衝突による被害を防ぐには、どうすればいいか」を考えます。

　いろいろ考えてみて、そのなかで「衝突を起こさせない」という方法と「衝突時の被害を最小にする」方法が重要だと思いついたとします。すると、「障害物にぶつかりそうになったら自動的に止まる」とか「衝突したときの安全装置を取り付ける」というような課題設定をし、その解決を考えていきます。たとえば、自動ブレーキ、エアバッグがあるが、それらについてはどうするかなど…。言わば、設定した課題を解決するために、さらに「課題設定」をしていくというわけです。

課題設定とはどんなものか

自動車の衝突事故を目にした

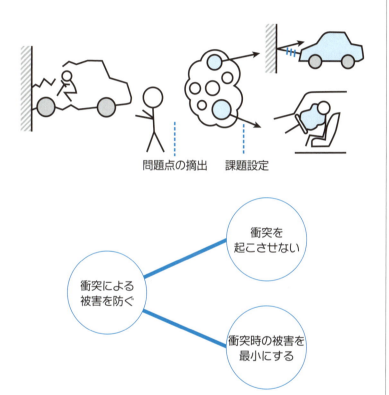

 ある事柄を見たとき、それのどこに問題があるかを発見するのは、ちょっと頭のいい人なら誰でもできる。これは「問題発見能力」というが、それらの問題のなかから自分がやるべきことを課題として選定するのが「課題設定能力」だ。身につけるべきは、問題発見より課題設定の能力である。

思考展開図を使う

前項の課題設定の例を、思考展開図で

　思考展開図を使って整理しながら説明しましょう。説明は途中から始めます。

　衝突を起こさせない方法を考えると、運転手が判断を間違えていても安全に走行する機能が必要になります。さらに衝突の危険を運転手に知らせる機能や、運転手を覚醒させる機能なども必要です。

　一方、衝突による被害を最小にする方法で考えると、運転手の周辺を強くして保護する機能を持つという考え方と、運転手の身体への衝撃を小さくする機能を備えるという考え方があります。

　これらの具体的な解決策が、自動ブレーキや自動警報、覚醒システムであり、運転者保護車体やエアバッグ、シートベルトなどが考えられます。具体案をまとめて最終的にできあがったのが、「衝突による被害を防ぐ」という要求を満たす「安全車」という全体構造ということになります。

考えに抜けはないか

　ところで、これらの機能を自動車が備えたとしても、事故や事故による被害がすべて防げるとはかぎりません。

　すると本当の意味で、最初に設定した「衝突による被害を防ぐ」という課題を解決するには、ある技術というかぎられた範囲でのみものを考えるのではなく、法律、教育、文化など社会システムとしての交通安全を考える必要性に気づきます。

　そうしたことを意識しながら、全体を見直すことで、より質の高い安全車をつくることができることになるというわけです。

● 思考展開図の例 ●

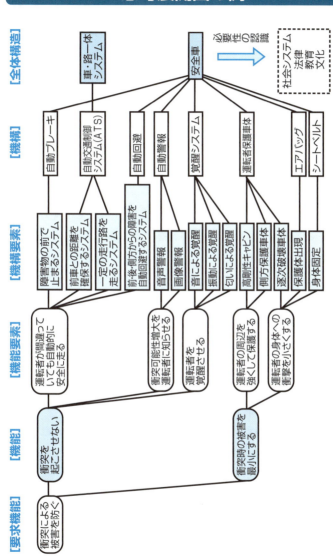

設定した課題を解決するための思考の展開を表す思考展開図の例─自動車の衝突による被害をバくする課題の例。思考展開法について学びたい方は『技術の創造と設計』(岩波書店 2006年)を参照してください。

第4章 失敗が創造を生む

頭に「知の引き出し」をつくる

知の引き出し

 この章で説明してきたように、アイデアのタネは思考平面上にばらばらに落ちてきます。そのときにあると非常に便利なのが、「**知の引き出し**」。「知の引き出し」とは、**自分が学習や失敗など経験を通して得た要素や構造を、分類して頭のなかにストックしておくこと**です。

ラベルを貼る

 大事なのは、**それぞれの引き出しにラベルを貼る**ことです。ラベルを貼ることで、はじめてストックされた要素や構造がきちんとした概念になり、はるかに使いやすくなります。分類した結果、なにも入れるものが見つからずに空のままの引き出しができてもかまいません。空の引き出しがあることで、外から取り入れるべき要素や構造がなにかが明確になることがあるからです。

引き出しは3本以上

 できれば引き出しは、3本くらい種類の異なるグループのものを用意しておきます。たとえば、機械のエンジニアなら1本目に専門とする機械の知識、他の2本は制御や機械全般といった別のグループの知識に。また、たとえば1本目が仕事に関するものなら、2本目は趣味に関するもの、3本目は歴史に関するものというようにまったく種類の異なる3本にするのもよいでしょう。

 こうして頭のなかに知の引き出しをつくり、それぞれに関する知識をためていき、充実させることで創造の幅が広がることにつながります。よく「**創造力が豊かだ**」と言われる人は、頭のなかに知の引き出しを充実させて、いつでも使える状態になっているのです。

●「知の引き出し」が創造を豊かにする●

頭のなかに「知の引き出し」をつくるとは

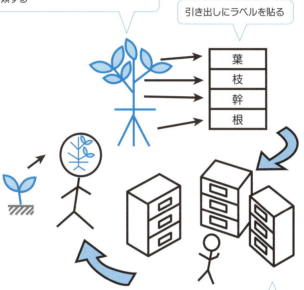

1本の木が生えているのを見たとき、地面の下に根が生えていることを思い浮かばせ、目に見えるものを葉・枝・幹などに分類する

引き出しにラベルを貼る

3本以上の引き出しをつくり、知識をストックする

第4章 失敗が創造を生む

　ベートーベンは、「交響曲第五番　運命」を38歳のときに作曲した。その有名なダッダッダッ、ダーンというフレーズは、すでに28歳のときに思いついていたそうだ。ベートーベンの頭の引き出しには、このような作曲のための要素がいっぱい詰まっていたのであろう。だからこそ新しい楽曲をつくるときに、そこから要素を自由に取り出すことで、すばらしい作品を残すことができたのではないか。

125

創造は、突然生まれない

アルキメデスは風呂に入っていて水面が上昇するのを見て浮力を発見したと言われています。この話ではいとも簡単に新たな創造のヒントを得たような印象を受けますが、はたして本当にそうなのでしょうか。同じ現象を見ていた人は、それ以前にたくさんいました。それなのにアルキメデスだけが着想を得られたのは、彼がそれまでに徹底的に考え尽くしていて創造に対する強い意欲を持っていたからではないかと思います。日頃からきちんと考えていたからで、単なる偶然や運よく発見したのではないのです。

世の中には運よく成功したように見える人がいます。しかし、そんなことは稀です。成功した人は成功に向かって不断の努力を営々と続けているもの。そして準備ができていたところに、タイミングよくチャンスが訪れ、それをしっかりつかまえる。じつは運がいいように見えますが、チャンスを逃さない備えができているから巡ってきた運をつかめたということです。

2002年、ノーベル化学賞を受賞した田中耕一さんは、実験の試薬の混合に失敗しましたが、結果を注意深く調べて新たな化学分析法を編み出しました。田中耕一さんがノーベル化学賞に輝いたのは運ではなく、地道な努力の結果であり、必然です。

幸運をしっかりと受け止める準備ができている人にだけ幸運は訪れる。それが、いわゆる「幸運の女神に後ろ髪はない」ということなのです。

第5章

失敗と向き合う組織のなかの個人

この章では、組織のなかの個人が失敗と向き合うときに
基本となる事柄や姿勢をはじめ、
具体的にどう対処したらよいのかを説明します。
自分が気をつけていても、組織のなかでは他人の失敗にもつきまとわれます。
そうした失敗をどう受け止め、また失敗を防ぐために
組織に対して個人がなにをしたらよいのかを理解してください。
失敗と向き合うには、一筋縄ではいきません。
「被害最小の原理」から「告発」まで、
幅広い戦略を使うことが必要になることも説明します。

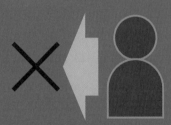

この章のキーワード

自分の影におびえる／千三つの法則／自分で考え行動する
早く課題設定をする／高速思考回路／年齢と能力の関係／チャンピオンデータ
2:6:2の法則／被害最小の原理／告発は善／タコツボ的生き方

失敗を恐れては なにも始まらない

自分の影におびえる

高い山に登ったとき、霧のなかで自分の背中から太陽の光を受けると、前方の空間に大きなモンスターが見えることがあります。これは「ブロッケン現象」と呼ばれるものです。

この現象にはじめて遭遇したとき、たいていの人は不気味だと感じるでしょう。しかしその原理は、後方から太陽の光が当てられることで、前方の霧のなかに自分の影が映し出されているだけのものでしかありません。つまり**その人が恐怖しているのは、単にその人自身がつくり出している自分の影に過ぎないのです。**

先行きが不透明なこの時代。将来を案じておびえている人の心理は、このブロッケン現象に似ています。

中国やＩＴの影におびえて、リストラや先行きの生活に不安を感じている人たちの悩みの原因をたどっていくと、じつは自分を取り巻く環境、すなわち制約条件が変わっているのに、それに応じて変わることができない「**自分自身がもたらしているもの**」だという結論に至ります。

制約条件は、常に変化する

いまの時代、制約条件が変わるのは当たり前です。その影響を激しく受ける立場にいる人にとっては、自分自身が変わらないと生き残りがむずかしくなるのは必然です。

もし、制約条件が変わったことを恨むとすれば、それは筋違いというものです。

● 自分の影におびえるな ●

自分の影におびえる

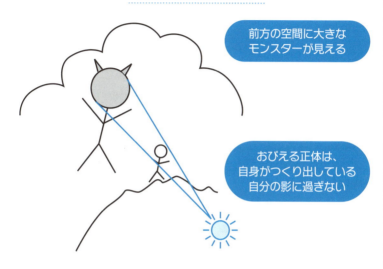

前方の空間に大きな
モンスターが見える

おびえる正体は、
自身がつくり出している
自分の影に過ぎない

第5章 失敗と向き合う〜組織のなかの個人

私が言いたいのは、「変われないのが悪い」ということではない。

いままでの定式が通じるうちは
それを利用するのも人の知恵

しかし

周囲の制約条件が変わっても、古くなった定式にしがみつき続ける

一見安全そうだが、じつは自分の立場をいっそう危うくするだけ
の危険な行き方であることをきちんと認識しておく必要がある。

千三つの法則

新たなチャレンジをするとき

　個人の活動でも、企業のプロジェクトでも、新しいことにチャレンジするとき、その結果はほとんど失敗に終わります。

　「千三つ」という言葉があるように、はじめからうまくいく確率など千回に三回程度しかありません。新しいことに挑戦したり、なにかを生み出そうと動き出しても、結果は99.7％の確率で失敗に終わる可能性が高いのです。

　なにか新しい事業をゼロから始める場合をみましょう。新規事業をスタートさせるにあたっては、少なくても図の10個ぐらいの要素が必要と私は考えています。これらの要素がすべてうまくいったときに、事業が成功することになるのではないでしょうか。

　うまくいくかどうかの確率は、コインの裏表と同じです。すると、事業の成功には成功率$\frac{1}{2}$の要素が10個ですから、$\frac{1}{2^{10}}$、つまり$\frac{1}{1024}$になるのです。これは千三つよりもさらに低い確率です。

成功率を上げるには

　では、成功率0.3％の低さに怖じ気づいて、チャレンジをやめますか。

　失敗学ではこの成功率の低さを十分に認識し、新たなことに正面から取り組む覚悟を決めなければいけません。わずかな可能性でもそれにチャレンジしなければ、なにも始まりません。

　成功率を上げる方法はたくさんあります。4章でもそのヒントにふれました。また、この章を読めば、「ああ、そういうことだった」のかと思い至ることと思います。

なぜ千三つなのか

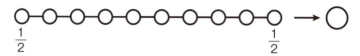

うまくゆく確率

$$\frac{1}{2} \times \frac{1}{2} \times \cdots\cdots\cdots\cdots \times \frac{1}{2} = \frac{1}{2^{10}}$$

$2^{10} = 1024 ≒ 1000$

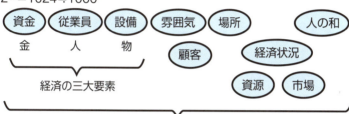

成功確率を高めるには

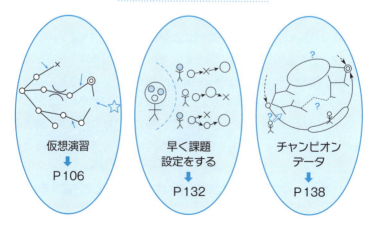

自分で考え行動する

「安全な道」が「一番危険な道」

なにか行動を起こすときに自分であれこれ考えながら進もうとすると、いろいろと試行錯誤をしなければならずに時間がかかるものです。それでも目の前にある危険に気づくことはできるので、最終的に成功する確率は高まるはずです。

一方、まわりの人が進む道を歩くことは、独力で進むよりずっと目的地に到着する時間も圧倒的に短くなります。しかし、誰かが示している道をなにひとつ疑問を感じることなく進んでいては、目の前に迫っている危険に気づくはずもありません。

本人は危険を避けて最も安全な道を慎重に歩いているつもりが、自分でも気がつかないうちに最も危険な道を歩いていることもあるわけです。いざ、危険に直面したときに受けるショックやダメージは、計りしれないものがあるでしょう。

自分で考え行動する意識がないと

これは状況の変化の激しい時代に、個人や組織がいままでの成功に学ぶ生き方を選択したときの落とし穴なのです。こういう事態を避けるには、「世の中には安全で楽な道が必ずあるはず、そこを進めばだいじょうぶ」と思っている考え方をあらためるしかありません。

いまの時代に、「**絶対安全な道など存在しないもの**」です。安全な道だと思っていたものがある日突然、危険な道になることもあるということをもっと強く認識する必要があります。そんな時代に、人がしなければならないのは、**失敗に学び、そして自分で考えて行動すること**、それしかありません。

●成功に学ぶ行き方の落とし穴●

まわりの人が進む道とひとりで探す道

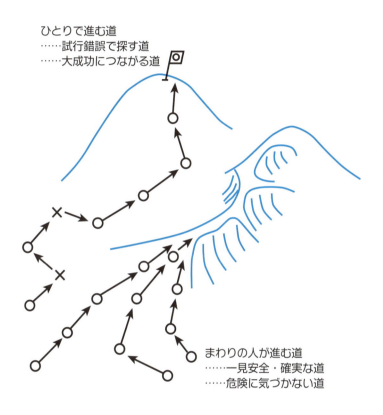

いまの時代、絶対に安全な道は存在しない。失敗に学び、自分で考えて行動するしかない。

できるだけ早く課題設定をする

「課題設定」からスタートする

　前項で、自分で考えて行動することの重要性を指摘しました。では、どう「自分で考えて行動する」のがよいのでしょうか。

　そのスタートは、4章のなかで説明した**課題設定**です。私はできるだけ早く大きな課題を設定することをお勧めします。課題設定をすると、課題に関する情報を意識するようになりますし、進んで体験してみようと考えるようになります。そこで得た知識や体験がいろいろな創造に役立つことになります。また、せっぱつまってあわてているときには、いいアイデアは出てきません。精神的余裕ということでも、早く課題を設定して、それについて日頃から常に考えていたいものです。

早く課題設定するメリット

　自分である課題設定をすると、そこにはきっと自分と同じ課題に気づいて行動している人がいるはずです。**課題設定のメリットは、その自分と同じ課題をもつ他人の行動を観察することによって、自分自身が行ったのと同じだけの知識や経験を得られるということです。**同じ課題を持つ人が先にその課題を解決していたら、その行動を見本にして、そこから失敗の対処法や予防策を考えることができ、また、成功への道筋を学ぶことができます。

　「他人が代わりに実験してくれる」のですから、仮に3つの課題設定をしておけば、同じ課題を持つ人を注意深く観察することで、同時に3人分の経験を吸収できることになります。きちんと課題設定をしておくと、頭のなかにより多くの失敗情報が蓄積され、さらに新たなアイデアを生み出すことにつながるというわけです。

●むだな失敗を防ぎ、創造の種を生み出す●

どんなときにアイデアが生まれるか

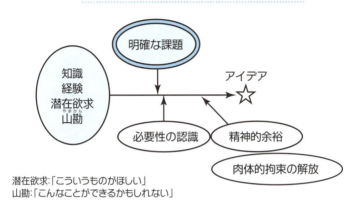

潜在欲求:「こういうものがほしい」
山勘:「こんなことができるかもしれない」

課題設定を早くしろ

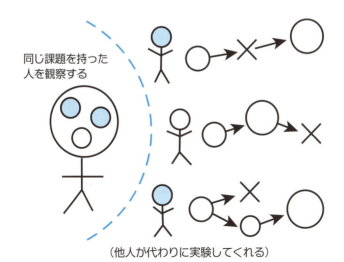

（他人が代わりに実験してくれる）

高速思考回路を身につける

高速思考回路

　最近の脳科学の研究で、人が能動的に頭を使ってなにか行動しようとすると脳内に"**思考回路**"ができあがることがわかってきました。脳内の思考回路において、高速の信号が流れるところを「軸索」と言い、その軸索を包んでいる絶縁体のようなものを「髄鞘」と言います。この思考回路は受身でものを考えているときにはできません。なにかをアウトプットしようとして自分でものを考えるときにだけ思考回路ができるのです。この思考回路を何度も使っていると、軸索が太くなって200倍ものスピードで信号が流れる、**高速思考回路**が行われます。そして、一度この思考回路ができると、別の思考の対象を持ってきても高速の思考が行われることになるのです。

思考平面図から思考展開図づくり

　4章で、自分の頭のなかにあるアイデアを思考平面に落とし込み、それを共通概念でくくり、脈略をつくり、最終的に思考展開図にまとめてみると、考えが整理され、考えの抜けが発見できて創造がうまくいくということを説明しました。じつは、その作業が頭のなかに創造的な思考回路をつくることになるのです。それは頭のなかに創造用の線路を敷くようなものです。**一度思考の線路ができると、ものを考えるときのスピードは速くなり、その線路にほかの列車、つまり他の人のアイデアを持ってきてもスムーズに走らせることができます。**結果、いいものが驚くほど速く正確につくれるようになるというわけです。自分でものを考え行動する習慣をつけることの大切さは、ここでもわかると思います。

● 人の頭のなかにできる高速回路 ●

神経細胞を走る活動電位の伝達スピードがアップする

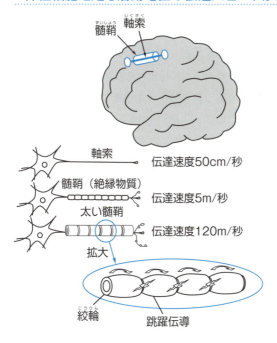

高速回路ができると

自分で考えて全体を作り出すと、考えの線路（思考回路）ができる。
一度線路ができあがると、どんな車両でも高速で走ることができる

第5章　失敗と向き合う〜組織のなかの個人

年齢と能力の関係を知る

新しいことを吸収する能力とマネジメント能力

　新しいことを吸収する能力は、加齢とともに落ちていきます。新しいこととは、外国語の習得であったり、資格の取得であったりと、主に人の記憶にかかわることです。約5年でその能力は半分になると言われます。25歳のときに1あった能力は、60歳になると$\frac{1}{128}$になり、25歳のときに3日で吸収できたことが、60歳では、1年かかるということです。「**課題設定**」**は早くしろ**、ということの現実的側面です。

　年をとるということは能力が落ちるだけかというと、組織を動かすマネジメント能力というのは、加齢とともにどんどん伸びていきます。私の経験では、掌握可能な事業規模は年齢が5歳増すごとに最大で5倍ずつ増えていくように見えます。25歳のときの掌握規模を1とすると、60歳では78,125倍になります。たとえば25歳で掌握可能なのが年商1億円規模の仕事だとすると、60歳では最大7.8兆円の規模の仕事を掌握するまで成長することができます。

年齢と能力の関係

　新しいものを吸収する能力とマネジメント能力というのは、図のように、ある年齢で交差します。私はそれがだいたい38歳前後だと思っています。これが意味するところは、あるひとつの分野で仕事を続けている人が、他の分野でまた新たな仕事をするには38歳前後まででないとうまくいかないということ。つまり、まったく新しい職種への転職は38歳ぐらいが限度で、それ以降ならマネジメント能力で勝負できる職場、いままでの知識や経験が十分に生かせる職場を選ぶべきだということになります。

● 年齢と能力の厳しい現実 ●

年齢と能力

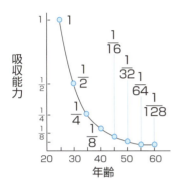 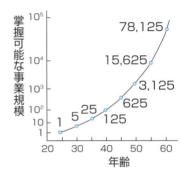

(a) 年齢と吸収能力の関係 **(b) 年齢と掌握可能な事業規模の関係**

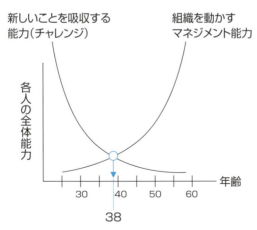

年齢と能力の関係(まったく新しい職種への転職限度)

チャンピオンデータは闇夜に立つ灯台

　新たなことにチャレンジしても、失敗の連続では、くじけそうになることもあるでしょう。そんなとき、大きな支えとなるのが「**チャンピオンデータ**」です。

チャンピオンデータの存在

　「チャンピオンデータ」とは、"**どうやったのかはわからないが、とにかくすでに他の人がその目標を達成している状態**"のこと。闇夜を灯りなしで進むような創造の仕事においては、このチャンピオンデータが希望の光になるのです。

　目指すゴールは見えていて、それに向け努力しているのにゴールにたどりつけないと悩んでいる人には2タイプあります。一つは、ゴールにたどり着くルートが現実に存在するのかどうかがわからないままに暗中模索している人。もう一つは、ゴールまでのルートが存在していることはわかっているが、自分がいまどの地点にいて、この先どう進めばいいのか具体的なルートがわからない人。

　この二つは同じようですが、じつは成功確率はまったく違います。前者は、まるでたどり着けない目標に向かって、いわば闇雲にむだな努力をしているだけかもしれません。失敗学から見ると、被害の小さいうちに引き上げ、別のプランを考えたほうがマシということになるかもしれません。一方、後者の場合も、現時点では見えない失敗群に取り囲まれているのは同じですが、誰かが成功した例が一つでもあれば、それは必ず「成功するルートがある」ということの証明です。チャンピオンデータが存在するなら、あとはルート探しのための調査と探索の努力と、それに要する時間があれば成功したも同然です。

● チャンピオンデータの役割(闇夜の灯台) ●

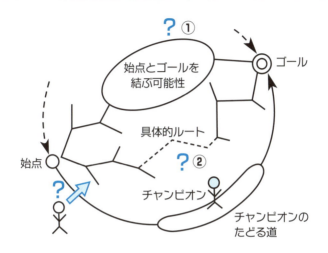

疑問

①始点とゴールを結ぶルートが存在するのかしないのか、わからない
②始点とゴールを結ぶ具体的なルートが、わからない
　➡この分野に新たに入る者にとっては、なにもわからない

誰かが成功すると

①の存在は証明される
⬇
②は探索により見つけられる可能性があることを知る
⬇
③の努力が始まる

　成功するのかどうかわからない暗闇のなかを不安いっぱいで進んでいたとき、ふと顔を上げると闇夜のなかに明るい灯台が見える。そうだ、あれを目指せばいいのだと、元気も自信も湧いてくるだろう。そう、チャンピオンデータは闇夜に立つ灯台なのだ。

2：6：2の法則

企業における人間の分布

図は、企業という集団のなかにおける人間の分布を表したものです。これは企業にかぎらず人間がつくる組織や社会で必ず見られる法則だとも考えられます。

企業の業績を分析してみると、利益の8割は20％の優秀なよく働く人たちによって生み出されています。あとの2割の利益が残りの80％の人たちによって生み出されていて、この残り80％は60％の普通に働く人たちと、働かずに企業にぶらさがっている20％に分類されます。

これが企業のなかにいる人間のおよその分布の実態です。私はこれを「2：6：2の法則」と呼んでいます。

あなたはどこに属しますか

もしも、ある人が新たなことにチャレンジしないでいたとしても、2：6：2の法則での分類で利益を稼ぐ20％に属しているのなら問題は少ないでしょう。将来的にはどうなるかは別にして、少なくとも現時点ではその人の働きを企業は評価しているからです。そのままの生き方を続けていても現在の収入やポストは期待できるでしょう。問題は60％の普通に働く人たちに属していたり、20％の働かずに企業にぶらさがっている人たちです。特に「働かない人」にいる場合は、いつリストラの対象にされるかわかりません。

このような現実があるとき、これまでの生き方を変えて、それこそ利益の8割を稼ぐ牽引車になることを目指すことです。この章で新たなことにチャレンジをする必要を言っているのは、そうした人になることなのです。

● 人間のつくる社会には必ず分布がある① ●

会社のなかで起こること

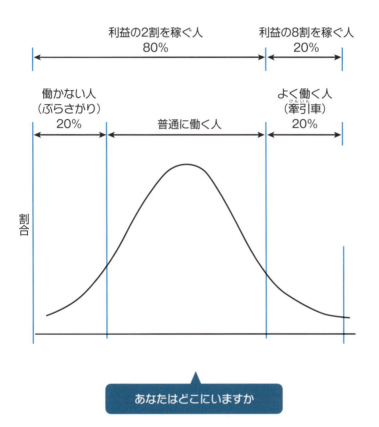

第5章 失敗と向き合う〜組織のなかの個人

　もしあなたが利益の2割しか稼がない人に属しているのなら、いまこそ生き方を変え、8割を稼ぐ人を目指すべき。

被害最小の原理で身を守る

失敗と向き合うには理想ばかり言ってられない

　自分と関係のないところで、組織の体質や上司が原因で失敗を繰り返し、大失敗を起こす可能性のある組織のなかで思い悩んでいる人がいるとします。そんな組織に入るな、入っていたらすぐに退散しろ、と言うのは簡単ですが、転職もままならない状況です。

　ならば、自ら行動してけんかしてでも組織の体質を変えるよう努力すべきなのでしょうか。答えは「ノー」。失敗学から見ると、そうした組織のなかでは、上司も先輩も保身のことばかりになり、部下の手柄を横取りし、失敗はすべて部下に押しつけるような悪循環を起こすでしょうし、そうした人たち一人ひとりの心を自分一人で変えるのは不可能だと考えるのが、「正しい」のです。

　自分を取り巻く環境が自分一人の努力ではどうやっても変えられない状況に置かれてしまったら、自分の被害をいちばん小さくするような身の処し方をするべきだ、それが「**被害最小の原理**」です。がんばっても状況を変えられないけんかはエネルギーのむだで、ストレスがたまるだけ。状況に逆らわずにそのまま通り過ぎたほうが賢いでしょう。組織のなかの生き方としてそういう選択もあるのだと気楽に構えていたほうがよいのです。この厳しい社会を生き抜くには、自分の被害が最小になる道を選ばなければいけないときもあるのです。

被害最小の原理を貫く際のポイント

　被害最小の原理にしがみついたままでは、結局ダメ上司たちと同じです。大切なのは、「**これは最悪の選択だが、いまはこの道をいくのが最も被害が少ないやり方**」と、自覚しながら進むことです。

なぜ被害最小の原理か

エネルギー最小の原理

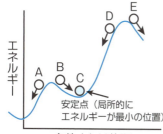

物理の法則：エネルギー最小の法則

「ある物体に自由に動ける"場"が与えられているとき、それはエネルギーが最小のところに行く」

A、B、D、Eは矢印の方向に動くが、Cは動かない。なぜならCは右にも左にも傾斜がなく、はじめから動く必要がないからだ

　人間もこれらのボールと同じで、ほとんどの人が「楽をしていい思いをしたい」と考える傾向にある。なにかをやろうとするとき、誰からもなにも言われなければ、なるべく人とぶつからずお金も労力もかからない方法、つまり自分に被害が及ばない方法を選択するはず。この人間の習性に対して理想を説くこともできるが、現実としてあること。

自分がコントロールできない状態に置かれたら

⬇

［現実的な対処法］
これは最悪の選択だが、いまは最も被害が少ない方法をとろう

実際に起業してわかる現実の世界

すしを食べられると想像していたら、現実はラーメンだった

告発は善

3%の良識人

企業や組織のなかは、「悪いとされていることを平然とする人種」が3%、逆に「不正は絶対にしない」という良識人が3%、そして残り94%の「おおかたは善意で動くが時と場合によっては、ほどほどの悪いことをする」という人種に分かれると言います。

失敗を表に出せ

2章のはじめ「失敗をしたとき②」で、失敗を隠蔽し間違った対応行動をとったときに組織がどうなるかを説明しました。

ある組織が社会に対して失敗を隠蔽しようとウソをつき始めた場合、それは加速度的に「成長」し、最終的には司法の裁きを受け、社会的な信用をなくすという大打撃を受けることになります。ところが、組織全体（94％＋3％）でウソをついている場合は、表ざたになりにくいもの。大打撃になる前に、早めにそのウソの輪を切るためには、社内にいる一部の良識人（3％）による**内部告発しかない**のです。これまで、内部告発をしようものなら、「密告」とか「裏切った」などと、村八分にされてしまいました。社内の不正をあばいた人が閑職に追いやられたという話も、よく聞きます。自分がいる組織のなかで不正が行われているとわかっていても、それを正そうとする人がなかなか出てこない、これも現実です。しかし、前述のように**内部告発によって企業や組織や、あるいは社会の公正が保たれるのです。内部告発は善です。**

最近はインターネットという手段で、企業や組織の制約を受けずに不正をあばけるようになりました。今後は、インターネットのおかげで良識人が3％よりずっと増えるかもしれません。

● 人間のつくる社会には必ず分布がある② ●

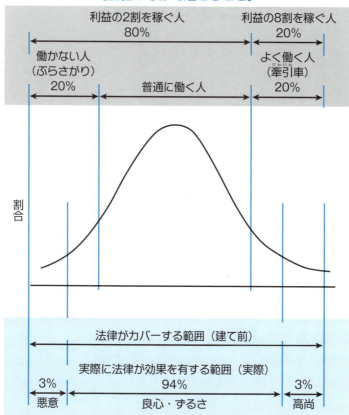

タコツボ的生き方をしない

なぜタコツボ的生き方がいけないか

　ある一つの仕事しかできない状態を、私は「**タコツボ的生き方**」と呼んでいます。こうした生き方をしていると、視野がだんだんと狭くなってどうしても自分のパートしか見ることができなくなります。すると、**全体のなかにおける自分の位置づけや役割を正確に理解できないということが起こりがちです**。それがそのまま**大きな失敗を起こす原因になる**こともあります。こうした生き方、つまり、自分が得意な分野で得意なことだけを行う生き方は楽です。しかも少し前までは成功の定式が通用していた時代背景もありました。

　ところが、この本で繰り返しているように状況が変わったいま、タコツボ的な生き方をしていると、会社勤めをしているなら、人事異動やリストラなどまわりの環境が変化して別の生き方を求められたときに適応できず、人生そのものが行き詰ってしまう危険性があります。

魚のいない池から魚がたくさんいる湖へ

　「魚のいない池」で、ただ待っていれば魚は増えるというものではありません。それよりも自ら動いて魚のたくさんいる湖のほうに移動したほうがはるかに釣れる可能性が高いのです。全体を見れば、わかることなのです。「魚のいない池」に気づいたら、「魚がたくさんいる湖」に移ることです。

　会社勤めをしていたら、あなたに任されているのは一部のパートにすぎないにしても、たとえばそのなかでも狭い範囲ではなく全体を見ながら自分の仕事を学んでいくよう視点を持つべきです。それがあるとないとでは、結果はまったく違ってくるからです。

● タコツボ的生き方には限界がある ●

魚のいない池から、魚がたくさんいる湖へ

競争相手も多く、魚が少ない池
（以前は魚もいたかもしれない）

少し離れていて、移動は大変だが、
魚がたくさんいる湖

第5章 失敗と向き合う〜組織のなかの個人

> 一つの世界しか見えないタコツボ的な視野の狭い生き方から、いろんな世界をのぞいて幅広い視点をもつことは、自分の身を守ることになる。

課題設定能力を持った人とは

私は以前、アメリカのマサチューセッツ工科大学（MIT）に留学したことがありました。そのときの体験で、自分の英語が一気に上達したような錯覚に陥ったことがありました。

なぜこれが錯覚だというと、MITを一歩出て街を歩いてみると、大学のなかでまわりが理解してくれた自分の英語がまったく通じないことがわかったからです。実際、買い物をしようとしてもまったく理解してもらえず、また、特に子どもと話そうとしたとき、通じなくて非常に苦労しました。

なぜ自分の英語が一気に上達したような感覚になったのでしょうか。それはMITに集まっている人たちの物事を理解する能力の高さに秘密があるのです。彼らはこちらがつたない英語で伝えても、そのときの状況やこちらの姿を観察し、頭のなかで類推しながら言わんとしていることをほぼ正確に理解してくれます。それは、コンピュータのなかで圧縮されたデータが解凍されていく姿に似ています。MITは、世界中から優秀な人材が集まり、高いレベルの教育が行われている大学として広く知られます。そこに集まる人たちは、現象を理解するために対象を徹底的に観察する習慣が日頃の勉強によって身につけています。また、ある事柄を見て、そこからその企画のテーマにさかのぼっていく思考に慣れていて、その過程で起こると予測されるシナリオをいくつも持っています。そうした能力にじつは、私が助けられていたのにすぎなかったということです。

第6章
失敗と向き合う組織のリーダー

この章では、組織のリーダーやトップのために、
失敗と向き合うときに必要な情報や、
組織を運営する場合に起こしがちな失敗について説明します。
リーダーの責務は重大で、
リーダーの資質により失敗の確率は大きく変わります。
真に失敗に向き合うには、リーダーの柔軟な思考が必要です。
章の終わりで、さまざまな角度から失敗に対処する必要性を提唱しています。

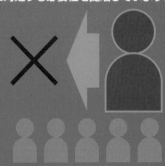

この章のキーワード

失敗対策はトップダウンで／リーダーの資質／偽リーダー／分岐点での判断
心理的障壁／技術の持つ特性／産業盛衰の30周年周期
企業衰退の30周年周期／技術の30年失敗周期／量的変化と質的変化
順演算思考の落とし穴／失敗の暗黙知／TQCとISOの落とし穴
ベンチャービジネスの失敗／リーダーの人的原因／「潜在失敗」の会計処理
司法取引と免責／懲罰的賠償／「未必の故意」／技術の流出

失敗は確率現象であるが

重大災害は300分の1の確率の理解

1章の「ハインリッヒの法則」で、重大災害は300分の1という低い確率で起きる確率現象であると説明しました。

ならば、失敗として顕在化しないほうの確率に依存して、失敗をごまかしたくなるのが「人の心」。しかし、それを見逃したり放っておくと、確率的にいずれ必ず大きな失敗が起きます。

図で、確率の海を進む船の前には、失敗の氷山が立ちはだかっています。氷山にぶつかって、氷山のてっぺんがくずれて船が沈没するほどの重大災害はたったの1件、氷山の腹をかすめて船体が傷ついたり、船内に不具合が生じるといった軽度の災害は29件。

しかし、目の前の氷山はまさに「氷山の一角」で、海面下には大きな氷の塊が隠れているのです。その海面下に注意を払わずに氷山の影を見落としたり、見えても「たいしたことない」と見過ごしていると、氷山とぶつかったりして災害が起き、重大災害にも至るということです。これは逆に、常に海面下に注意し、もしなにかの影を見つけたらその正体をつきとめて、それが氷山の影だとわかったなら、進路変更をすれば氷山にぶつからずにすむということです。ただし、確率の海を進むとき目の前の氷山を避けられても、それで安心して注意を怠っていると、いつまた別の氷山が現れてぶつかるともかぎらないのです。

失敗のツケは大きい

人は、特に組織リーダーは、失敗の隠蔽に誘惑されます。もし失敗を隠蔽しそれが大失敗に至ったときには、多大なツケを払わなければならないことも覚悟しておかなければなりません。

●組織リーダーの確率の理解●

失敗は確率現象である

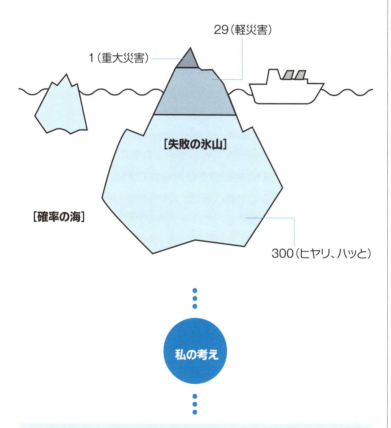

失敗の予兆や事実を無視したり、隠したりして「得したつもりになっている」、するとツケはその金額の300倍くらいを払わなければならない。

失敗対策はトップダウンで

組織においての失敗対策の限界

失敗を一人ひとりの社員が学ぶだけでは、ほんとうの意味での失敗対策にはなりません。どんなに有能な人でも、個人が見ることができるのは、その人が任されている組織のなかの一つの狭いパートでしかありません。権限も限定されているので、複数の部署にまたがっている問題などには対処できません。はじめから限界があるわけです。

失敗対策は「全体を見る」必要がある

組織で、その全体を見渡すことができる立場にあるのは、唯一トップです。**全体を見ないと組織の失敗対策はできない**のですから、「**失敗対策はトップダウンでやるべきだ**」というのが私の持論です。

ボトムアップ型の活動を行って、個人やグループが直面している問題を浮き彫りにさせながら全体のレベルアップを図るのは、一つの理想的な手法であることは確かでしょう。しかし、実際に起きている失敗の多くは、当事者が気づかないところに潜んでいるのですから、下から上へのボトムアップ型の活動だけで失敗対策が十分にできると考えること自体に無理があります。

失敗対策は上から下のトップダウンでやらないと、けっして強い力にはなり得ないのです。ときには組織全体の見直しが必要なこともあるからで、それをせずに部下に任せたりすると、往々にしてこれまでのやり方に準じた、つまり歪曲化かつ矮小化された形でのヌルイ失敗対策になりがちです。真に失敗対策をするのであれば、ヌルイ対策では意味がないことになります。特に企業文化を変えるには、強烈なリーダーシップを持つトップにしかできません。

● 失敗対策は全体を見る ●

失敗の全体像が見えるのはトップだけ

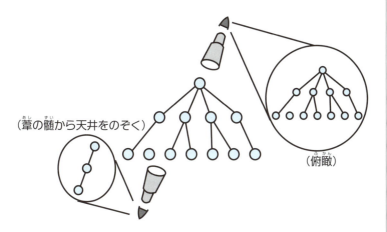

（上から見れば全体が見える。下から見れば一部しか見えない）

「失敗対策はトップダウンでやるべきだ」

第6章 失敗と向き合う～組織のリーダー

リーダーの資質と失敗

リーダーにより失敗は3倍違ってくる

　労働災害の専門家によると、企業のトップが安全管理に意識して取り組んでいるか否かで、罹災率は3倍違ってくるということです。経験的に導かれたこの数字は、安全管理のシステム自体もさることながら、これを活用する**リーダーの心構え**ひとつで、結果が大きく変えられることを意味しています。

　この法則は、同種の問題である組織の失敗を見る際にも、当てはめることができるのです。つまり、**リーダーの資質により失敗は3倍違ってくる**ということになります。リーダーシップを持つトップが失敗をどう見ているかは非常に重要な問題です。トップが失敗の未然防止を強く意識しているだけで3分の2の失敗は消え、それだけでなく、起きてしまった失敗が進歩の種として使われることも期待できるのです。

偽リーダー

　たとえば、優秀な山登りのリーダーと偽リーダーがいたとします。

　天気のいい日に2人同時に山登りの下見をさせた場合、表面的にはなにひとつ変わらないように見えても、「思考」はまったく違う展開がされています。

　優秀なリーダーは、山を順調に進む間も「雨が降ってきたらここは危ない」「ここはルートが狭いから危険」「ここは転落の危険がある」などと、常に危険を想定した観察をしています。

　一方、**偽リーダー**は、そうしたことをなにもせずに、「オレは頂上まで行ったけど、たいしたことない。山なんて、こんな程度」と、すべてを理解したつもりで豪語するだけでしょう。

●リーダーと仮想演習●

「偽物のリーダー」
（リーダーもどき）

「たいしたことない。山なんてこんなもんよ」

「本物のリーダー」

「雨が降ったら危険」
「ルートが細いから危険」
「ここは転落の可能性がある」
「バイパスはあそこにある」

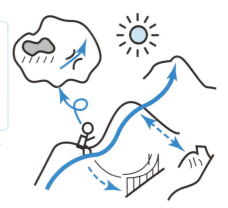

思いつくかぎり失敗の可能性をつぶしていく「仮想演習」は、リーダーに欠かせない。

第6章　失敗と向き合う〜組織のリーダー

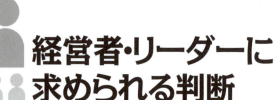

経営者・リーダーに求められる判断

分岐点での判断ミスは大失敗につながる

　2002年4月、みずほフィナンシャルグループの統合初日から数日間にわたり大規模な情報システム障害事故が発生。引き出してもいない預金残高の減額、キャッシュカード不使用、電気料金などの口座振替処理が遅れ、二重引き落としの発生、と金融機関としてあってはならない事故でした。統合方針を発表してから2年以上の期間があったのに起きた事故です。システムに問題があって起きた事故であることは確かでしょう。しかし本来、旧第一勧業銀行と旧富士銀行、旧日本興業銀行という3つの銀行の別々のシステムを1つにして新しいシステムをつくる際には、まったくゼロから新しいものをつくるか、3つのシステムのうちの2つを切り捨てて1つに吸収するか、どちらかを選択するべきだったのです。分岐点での判断を誤り、そのほうがよいと知りながら、結局決断できずに3つを組み合わせ、さらに検証作業もしっかりしなかった結果、統合に踏み切るという判断をして大事故となったのです。分岐点でのリーダーの判断、選択の誤りを示す典型的な例です。

決定の道筋と心理的障壁

　ここで、**決定の道筋と心理的障壁**との関係にふれておきます。これは、「多すぎる経験」「不十分な知識」「その時々の雰囲気」などに起因する心理的障壁のために、本来たどるべき「最適の解」への道筋をたどることができず、障壁を回避して「次善の解」にしか到達できないという事態です。たとえば、「冷静さの欠如」「過剰な自信」といった内なるものが目の前に幕を作り、「最善の解」を隠してしまいます。リーダーはこれも頭に入れておくとよいでしょう。

● 分岐点で間違うとあとから変更できない ●

山登りのたとえ

「このままで済まそう」と進み続け、途中で気づいて正しいルートに乗り換えようとしても、立ちはだかる尾根が高すぎて乗り越えることもできない。結果、断崖絶壁という危険地帯に入り込んでしまう

正しい解が見えない

決定の道筋と心理的障壁

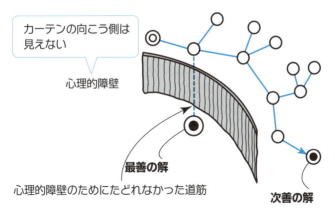

心理的障壁のためにたどれなかった道筋

第6章 失敗と向き合う〜組織のリーダー

失敗を恐れて人をおそれるな

組織をグループに分けるとき

5章で、人の集団には分布があることを説明しました。図は、一つの組織をいくつかのグループに分けるやり方の例です。たとえば、二つに分けるときに一方を優秀な人たちで固めて、もう一方でそれ以外の人たちを集めたとします。

すると、よい人だけを集めたグループは少なくとも失敗をしないでよい仕事をするだろうと思いがちですが、実際にはグループ内で新たにできる優劣などを原因としてやる気をなくす人が必ず出てくるので、そのようにはならないのです。いい人だけを集めればいい、ダメな人だけでなにかをやらせればいいというやり方には、このような落とし穴があります。これでは全体としても能率の悪い運用になってしまうので、**組織はいつもバランスよく、つまりおしなべて同じようにつくるべきです**。失敗に対処する組織運営の鉄則です。

失敗と人材育成

日本のものづくりが世界でもみならわれるほどに成長した大きな理由は、人材の有能さに加えて、各メーカーでもしっかりした人材育成を行っていたことにあります。**潜在能力というのは、トレーニングによる日々の鍛錬（たんれん）と本人のやる気の上にチャンスが重なって初めて発現するものです。開拓せずに放っておけば、潜在能力はいつのまにか失われてしまいます**。ところがいまのビジネス社会では、かつてのような地道な人材育成システムは崩壊し、効率重視の企業は人材育成に力を入れないだけでなく、安易に即戦力を求めるようになっています。

失敗を恐れて人をおそれる、では失敗はなくならないのです。

●失敗に対処する組織運営の鉄則●

人の集団には分布がある

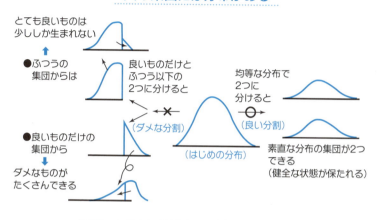

(片寄った分布に分割すると全部がダメになる)

リーダーの裏ワザ「仮想仕事の原理」

いつも同じ失敗ばかりを繰り返し、
その割に自分の能力を過信している部下

 辞めてもらう

「キミのおかげで、会社はとても助かっている」と言って、その気になった部下がその仕事から満足感を得られるような仕事をつくってやらせる

自尊心をくすぐられ、生きがいを感じた部下は、あえて会社に損害を与えるような悪さ(失敗)はしないであろうし、失敗も起きにくくなる

↓

部下からこうむる損やリスクを最小にする有効な方法

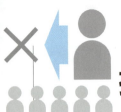

技術は飽和する

技術の持つ特性

　ものづくりの分野では、アメリカやヨーロッパ、あるいは日本でなければできないと考えられていたものが、どこの国でもつくれるように技術は急速に拡散しています。ＩＴにより世界がネットワーク化され、その動きは加速されているというのが、いまの時代です。

　なぜ、そうしたことが起きるのかというと、技術が持っている特性にあります。**技術はある段階を迎えると、垂直方向から水平方向に広がっていくものなのです。**技術が飽和してある程度のレベルになったときには、どんな人でも使えるようになるということは昔から当たり前で、いまの先行していた日本のものづくりの分野が苦しんでいるという姿はまさにそれです。

　技術は、研究や開発を続けることで進歩していくものです。しかし、それと同時に飽和もすることは忘れてなりません。ひとつの技術があるレベル（閾値）に達すると、あたかも胞子が広がっていくように技術を育ててきたところとは別のところに広がっていきます。

「中国の脅威」の意味

　いま私たちの生活を支えている技術を見ると、ものづくりの技術の多くは徹底的に研究され尽くし、ある種の飽和点にまで達しています。**多くの技術が同時進行で飽和点に達し、それが横に広がる水平展開をしているのです。国際間の経済格差、所得格差による技術移転がそれを促進します。**それがいま現象としてあらわれているのが中国に象徴される新興国の急成長です。「**中国の脅威**」は、日本の歩んできた道を冷静に振り返ると、じつは当たり前の話なのです。

●ものづくりの技術を考える●

技術が発達し、ある閾値を超えると水平展開が始まる

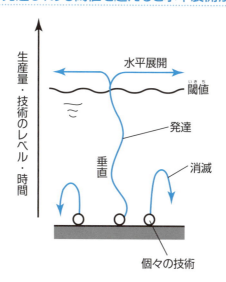

国際的な産業の入れ替わり

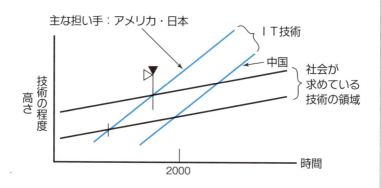

参考：クリステンセン著『イノベーションのジレンマ』

第6章 失敗と向き合う〜組織のリーダー

163

産業・企業は30年で衰退する

産業盛衰の30周年周期

　どんな産業でもだいたい**30年周期**のうねりがあります。産業が芽を出す**萌芽期**、**発展期**、**成長期**、そして**衰退期**に至る道です。戦後の日本のなかで隆盛を誇った繊維、造船、鉄鋼、自動車など、どの産業分野を見ても、萌芽期から発展期への転換点から成熟のピークまでの期間は約30年。そして、右肩上がりの成長を続けていた時代を終えると、少しずつですが必ず衰退しているのです。

　これはあらゆる産業で起きる避けられない宿命のようなものですが、経済全体も衰退してしまうことではありません。たとえば、重厚長大産業や電機産業が衰退する一方で、サービス業などの新しい産業が成長を始めています。この動きは、社会のなかで誰かが意図して行っているものではありません。市場のニーズや雇用事情の変化から見れば、そうした見方もできますが、正確に言えば、すべての産業で起きる30周年周期のうねりが社会のなかで同時並行的に動いているので、そう見えるのです。それは誰かが意識して行っているのではなく、結果として乗り換えが起こっているかのように見えているのです。

企業衰退の30周年周期

　企業もまた新しい手をなにも打たなければ、萌芽期、発展期、成熟期を経て必ず衰退期へと向かいます。その周期も**約30周年**。企業が生き残るためには、次の30年を生きるための新たな種をまかなければなりません。それは早い段階で行うことが求められますが、ピークにある者には自分がすでに衰退の入り口にいることがなかなか自覚できない、結果は次の手を打つのが遅れるということに。

● 産業の成長と衰退 ●

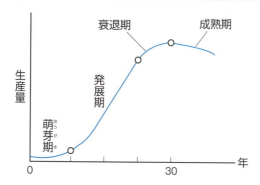

企業や組織内での役割分担の経時変化

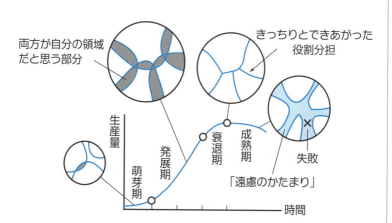

> 成熟期までの組織や技術は活気がある。摩擦も起きるが、創造も生まれる。ところが衰退期には、縄張り意識、事なかれ主義が広がって「遠慮のかたまり」になる。結果、あちこちに隙間ができ、そこで失敗が起きることになる。

第6章 失敗と向き合う〜組織のリーダー

技術の失敗周期①

巨大橋の30周年崩落

　巨大な橋が落ちる事故は30年周期で発生しています。ある構造の橋が建設されると、同じ構造が世界各地で採用され、巨大なものがつくられるようになります。そして、崩落すると、また新たな構造の橋が登場し、巨大化して崩落する。これを30年周期で繰り返します。これは、新たなことにチャレンジする「創造」に潜む失敗です。**「創造」に夢中になりすぎると、その仕事に携わる人間のなかに傲慢が生まれることによるものです。** ひとつの方法でうまくいったという成功例を重ねるうちに、技術者が傲慢になり、一方で注意深さを失う。そうして、大きな失敗を招くことになるのです。

　現在、新しい長大橋の構造として発達途中にあるのが「斜張橋」。「斜張橋」というのは、図のように主塔から多数のケーブルを斜めに張り渡して主桁を吊る構造の橋で、世界各地で建設が進められているものです。ひとつ前に発展した箱形断面桁の構造の橋が崩落したのが1970年で、そこから30年の周期を考えると斜張橋の崩落は2000年前後に起きるだろうと予測されます。

　幸い、いまのところはどこの橋も崩落の危険からは免れています。ただし、斜張橋の構造で技術者が今後も「より大きく、長く、美しい橋を」と考えて設計するのは想像に難くなく、いずれ崩落事故が起きても不思議はないでしょう。じつは、1992年に韓国の漢江にかかる斜張橋で、建設途中の巨大斜張橋が崩れてしまいました。この図の予想の通りなのです。人間というのは「やりたい」と思ったらやってしまう性質を持っていて、そこではしばしば理性的な判断が無視されがち。

● 30年ごとに繰り返される巨大橋の崩落 ●

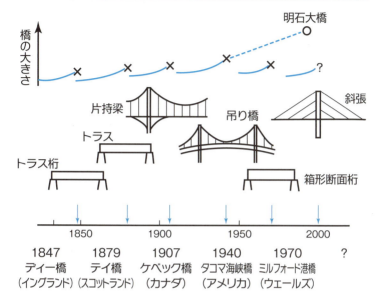

（ペトロスキー著『橋はなぜ落ちたのか』を基に著者が作成）

**ヘンリー・ペトロスキーによれば、
人間には「規模が大きい」というだけで、そのもの自体に「価値がある」
と考える傾向がある。**

長大橋には、人々の称賛が集まる
技術者も誇りを感じる

そのうち

大きければいいだろう：技術者の傲慢

橋の崩落

第6章 失敗と向き合う～組織のリーダー

167

技術の失敗周期②

原子力の20周年事故周期

　技術の失敗周期に組織の運営者、リーダーが気づいているのと、気づいていないのでは、失敗確率が大きく変わってきます。

　その象徴的な例が、1999年に茨城県東海村の核燃料加工会社JCOで起きた臨界事故でした。国内初の臨界事故にして2名の被曝による死者を出した日本の原子力発電史上最悪のものとなりました。

　図から、アメリカやイギリス、旧ソ連の臨界事故過酷事故（SA）を時系列で見ると、世界的に20年の周期があることがわかります。

　事故の直接の原因は個々の事故によって違いますが、ウラン燃料の加工作業を行う上で「ウラン溶液は一定量以上、絶対に1か所に集めてはならない」という制約条件が破られて起きた事故であることは同じです。

　したがって、加工作業の現場ではこの制約条件は絶対にはずしてはならなかったのですが、JCOの事故もこの条件をはずしたことで起きました。

　組織を運営する人間、リーダーが過去に起きた他国の臨界事故から学んだことを真摯に受け止め、「失敗の周期性」に気づき、注意深く対策を怠らなければ防げたのです。

事故は繰り返す

　産業の衰退30周年と技術の失敗周期を説明しました。この2つの相関で、大きな事故が起きているのがいまの日本の現実です。組織のリーダーは、特にこのことを忘れてなりません。次項ではそのことを、もう少し詳しく見ることにします。

● 周期性を持って発生する臨界事故過酷事故 ●

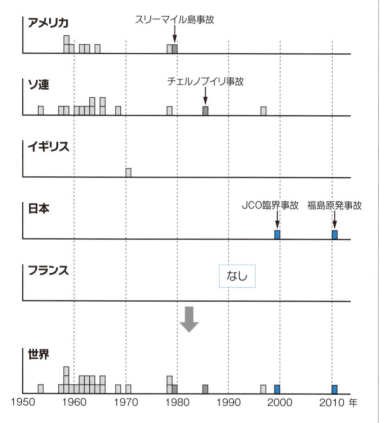

（世界規模で見る臨界事故過酷事故）

（アメリカ・ロスアラモス原子力研究所『臨界事故』(2001)より著者作成）

組織・技術の質的変化を見落とすな

技術の段階的変化を見る

　技術がまだ萌芽期にあるときは、その技術を構成する要素の脈絡がなんとか1本に結びついた形となった状態。その脈絡はひ弱で、かろうじて目的を達せられる程度のものです。**発展期**になると、それまでに多くのことを経験し、失敗を繰り返すなかで試行錯誤しながら技術に磨きがかけられていきます。結果、多くの優秀な人材と資金が投じられ、脈絡は太く強いものになっています。飛躍的に発展する時期です。**成熟期**になると、多くの失敗の経験や効率いい方法の体得をしたので、それらを活用して利益を上げようといろいろ工夫を始めます。これがマニュアル化。人材の教育もこのマニュアルで行われます。マニュアル化は効率よく利益を上げられるようで、じつは一方で多くのものをそぎ落として簡略化する結果、技術の脈絡の融通性をなくし、硬直化してしまうのです。人材もマニュアルだけの狭い範囲の経験しかせず、技術に対する真の理解のできない人ばかりになります。そうした人材は、想定外の事態に対応できずに大失敗を引き起こし、組織は致命的なダメージを受け、そして、ついに衰退期へと突入。

量的変化は必ず質的変化を起こす

　成熟期をどう過ごすかが、リーダーの重要な役割です。

　ある産業が急激に成長したり、ある会社が莫大な利益を上げるようになったとき、その「量的変化」の持つ意味を考え、同じものを生産し続けるのがよいのか、転換期はいつなのかを判断して、組織や運営方法を見直していかなければ、その産業や会社は膨張を続け空中分解を起こして致命的なダメージを受けることになります。

●組織・技術の変化●

技術の成熟に伴う脈絡の変化

（成熟期になると選択肢は切り捨てられてメインのルートだけが許され、衰退期にはひ弱なルートになり、破滅する）

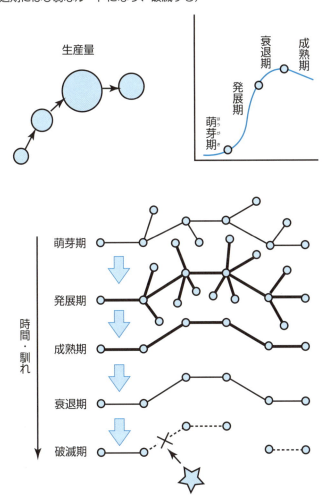

多くの企業の落とし穴

順演算思考の落とし穴

　順演算とは、うまくゆくはずのやり方を精緻に分析し、細かいところまで決めてそれを実行し、そのやり方以外のことは考えもせず、ひたすらうまくいくはずのやり方を推し進めることです。非常に効率的です。成功の道筋が決まっているので、それ以外のむだを省いて目的達成に向かって一直線に走ればいいわけです。

　これまで多くの企業で、「あってはならないこと」は考えることすら避けてきました。しかし実際に事故が起きるのは、**逆演算**で想定される事態になったとき。その結果が現在、多くの企業で起きている事故になって現れているのです。私は順演算の考え方を否定するのではありませんが、**順演算の考え方だけではどうしても「抜け」がある。そこに逆演算の考え方を重ねると、その抜けがなくなるわけです。**失敗に向き合うには、逆演算思考が欠かせません。

「不必要な失敗」が繰り返される

　2005年12月、みずほ証券で株の売買注文の入力を誤って「1株61万円で1株」の売り注文のところ「1株1円で61万株」の売り注文を出してしまい、市場は混乱し、みずほ証券の損失は400億円あまりになりました。直接の原因は、入力ミス（警告を無視）によるもの、それに東京証券取引所の売買システムの欠陥も加わって起きた問題です。この誤発注問題では、「入力ミスは起こり得る」としてあらかじめ起こり得る事態を想定して防衛手段を講じる「仮想演習」が不徹底だったのです。また、失敗をとめるには、逆演算をして失敗の脈絡を見つけることが必要です。みずほ証券も東証もそこで大失敗をしてしまったのです。

●いま、多くの企業で起きていること●

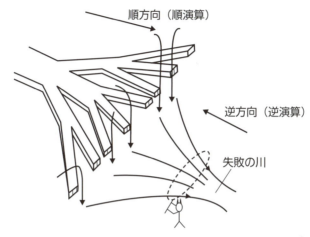

○順方向からだけ考えていると、必ず抜けが起こる
　➡逆方向から考えることが本質的に大事
○手のひらを開くと、指の間から水がこぼれる
○じょうずの手から水がこぼれる

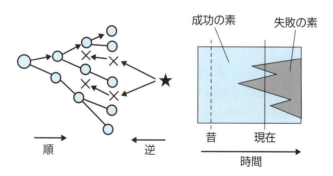

みずほ証券の株誤発注の問題では、たとえば逆演算をして一度に1,000億円の損失が発生するとしたら、どんな原因があるか。それを考えれば、入力ミスが真っ先に思いつく原因としてあがるだろう。

暗黙知を生かせ

失敗の暗黙知

　失敗の伝達において、知識化が欠かせません。知識化において特に重要なことは、人の頭のなかにある「**言葉になっていない知識**」を、どうみんなで活用できるようにするか、ということです。これを「**暗黙知の顕在化**」と言います。この暗黙知を生かすためには、文章にする、簡単な図に表す、数値にするなどで知識化し、記録することが重要です。たとえば、ものづくりの現場では「スルスル」「ギシギシ」といった表現で暗黙知は語られることが多いものですが、知識化して伝達するにはそれを言葉と物理量で表し、数量化して伝えることが大切。

　図は、機械設計者と社長の頭のなかにある暗黙知の例です。検討項目についてそれぞれ考えられることや、導き出された原理を文章や図式、数値にして記録しておくのです。その作業をすることで、暗黙知を自分にとっても別の設計や事業に生かせるのはもちろん、他の人にも正確に伝えることができるというわけです。

意味のない失敗の繰り返しを防ぐ

　いま多くの企業で意味のない失敗が繰り返されています。ひとつの原因は暗黙知、つまり技術の萌芽期から培ってきた知恵が、成熟期しか経験していない人たちに伝わっていないことにあります。

　そのためには、企業が嘱託制度などさまざまな雇用形態を使って、通常なら定年退職しているはずのそうした知恵を持つ人に後進の指導を任せるのもひとつの方法です。団塊世代が一斉に定年退職を迎える「2007年問題」がありましたが、そうした人材による技術継承の確保も必要になることでしょう。

● 暗黙知の顕在化 ●

機械の設計者の頭の中にある暗黙知の例

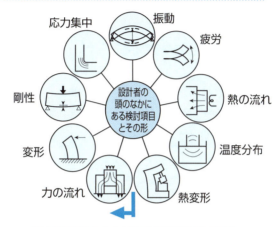

社長の頭の中にある「暗黙知」の例

第6章 失敗と向き合う〜組織のリーダー

TQCとISOの落とし穴

従来型の管理主義手法を変える

　日本の多くの企業は、かつてQC（Quality Control　品質管理）や、それをさらに押し進めたTQC（Total Quality Control　全社的品質管理）などの活動を続けることで業績を伸ばしてきました。

　私はQCやTQC自体を否定するわけではありません。品質保持や作業効率を高めていく上では、QCやTQCのような対策が必要不可欠です。しかし、こうしたうまくいくやり方しか見ず、それをマニュアル化して定めてそこからはずれることを許さないがんじがらめの管理主義の手法を採ってきたからこそ、想定外の問題が起こったときに対処できずに失敗の被害をいたずらに拡大させているという現実があります。**マニュアル化のために、一人ひとりがあらゆる可能性を頭のなかで考える仮想演習を行う意欲がそがれているからです。**QCやTQCなどでは本当の意味での管理はできないのです。

ISOが飾りになっていないか

　最近、企業が熱心に採り入れているISO（International Organization for Standardization　国際標準化機構）の認証制度についても同じことが言えます。環境や労働安全についての基準順守の確認を推進する制度も求めるため、世界的なビジネスをするには、このISOの認証を得なければ実質的に締め出されてしまうので、日本のほとんどの企業が採用するようになっています。しかし、ISOの採用についても形だけ整えればよいという風潮が広がっているのが現実です。こうした形式化は、失敗学から見ると、次の致命的な大失敗のタネをまいていることです。リーダーは心しなければなりません。

● マニュアルの認識 ●

マニュアルとは

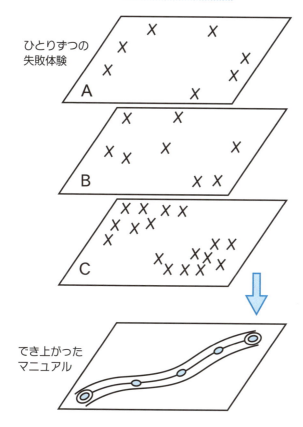

多くの失敗の集積から学びとった成功への道のりとしてのマニュアル

ただし、マニュアルは組織にとって必要条件ではあるが、十分条件ではない。マニュアル化の落とし穴は、その必要条件と十分条件を取り違えて認識してしまうことにある。

ベンチャービジネスの起業家に学ぶ

成長企業がなぜつまずくのか

　図は、創業から破たんに至るまでの売上げ高の推移のグラフです。そのグラフの裏側で進行した事態を見てみると、売上げが上昇していて、第三者からも「こんなカーブがあり得るのか？」と疑問を持つようなケースでは、粉飾が施されていたり、実際に急増していても人員や組織が急膨張に追いつかずに社内が破たん状況に陥っていたりするのです。この売上げ高推移グラフを**逆演算**によってその会社の内部事情を推察できるかもしれません。だとすれば、翻って、現在の取引先について、売上げ推移グラフを書いてみるのも有効です。さらに、逆に「自社はどうか」と自省するために活用することもできます。

失敗したリーダーの人的原因

　なぜ失敗をしたかという人的原因は10に分類されます。①**欲得**：経済的利益や社会的な地位などに目がくらんだ、②**気分**：気分が沈んでいたり、高揚していた、③**うっかり**：見過ごしや忘れで、つい判断を誤った、④**考え不足**：思慮が浅かったり、まったくない、⑤**決まり違反**：ルール無視や手抜きをしたり、ルールに対して無知だった、⑥**惰性**：⑤と逆に、マニュアルに寄りかかって考え足らずだったり、慣れきってしまうことでの思い込みや、もって生まれた性癖、⑦**恰好**：体面にとらわれたり、必要以上に恰好をつけようとした、⑧**横着**：他人に責任転嫁したり、手を抜いたり、本来やるべきことをやらなかった、⑨**思い入れ**：強い使命感や生きがいをもっていたことが、逆に思い入れが強すぎた、⑩**自失**：まったく未知の事態に遭遇したり、判断ができないような状況で自失状態になった。

●創業から破たんに至る典型的な履歴●

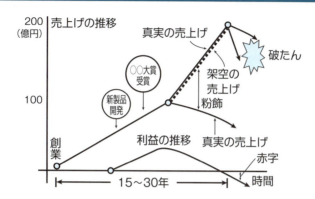

失敗における人的原因

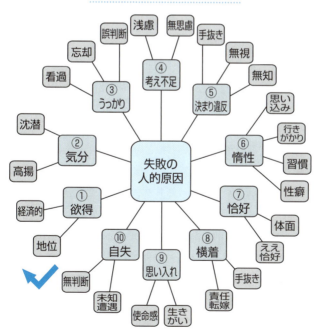

第6章 失敗と向き合う〜組織のリーダー

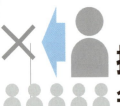

提唱：「潜在失敗」を会計処理する

潜在失敗に光を当てる

「潜在的な失敗」を自覚せず、失敗の予兆があらわれても無視する組織運営を行っているために、致命的な失敗に結びつくケースが相次いでいる日本です。この種の事故やトラブルという失敗では、関連業界も含めて、その失敗による深刻な影響が自分たちに返ってきています。これを防ぐには、潜在的な危険として存在する失敗を嫌でも見つけられる、失敗の予兆を生かすことが得になるような経済的なメカニズムの導入が有効だと私は考えます。そこで提唱しているのが、企業の業績を示す**バランスシートの負債に、「潜在失敗」の項目を加えて会計処理を行う**方法です。

失敗が発生したときにどれだけの損害を受けるかということを予測して、その金額つまり失敗のコストに「失敗発生確率」を乗じ、それを含み損として示す、つまり、企業の失敗の評価です。

失敗の評価が明らかになれば、その企業が健全かどうかは一目瞭然です。また、失敗対策をしないと損という意識を企業に徹底させる上でも効果があるわけです。そこから一歩進んで、やがては「失敗を生かすことで時価評価をあげられる」といったプラス発想が生まれてくれば、と考えているわけです。失敗の発生確率をどうはじき出すのか、失敗ハインリッヒの法則があてになるのかという疑問もあるでしょう。確かに、失敗実損額にしてもなにを基準に算出するべきか、今後、研究を進めていく必要があります。しかし、実際に保険会社はこれと同じような方法で保険料の算出をしているわけです。その保険会社に学べば、失敗の評価の導入は十分、実現できると思います。

潜在失敗のバランスシート

バランスシートの潜在失敗の処理

借方	貸方
資産の部	負債の部
	資本の部
資産の部合計	負債・資本の部合計

「潜在失敗」

企業の失敗の評価

たとえば

ある企業が失敗をしたら1千億円の実損

失敗発生の確率は失敗ハインリッヒの法則から0.3%

年間1千臆円×0.3%＝3億円の負債リスク

3億円が「潜在失敗」に記入され、含み損となる

企業の失敗の評価

第6章 失敗と向き合う〜組織のリーダー

提唱：司法取引と懲罰的賠償制度

司法取引

　まだ日本の社会では、失敗の「原因究明」と「責任追及」を分けて考えようとしない風潮があることは、3章でも述べました。それが真の失敗の「原因究明」に至らないことが、じつは失敗の繰り返しのタネをまいているのです。

　日本でも、原因究明と責任追及を分けるには、アメリカで行われている**司法取引制度**のようなシステムを採り入れるべきなのではないでしょうか。この司法取引制度とは、犯罪当事者に「**免責**」の保証を与える代わりに真相を語らせるというシステムです。

　失敗にいろいろな背景があるとき、当事者の責任追及で幕を下ろすのか、そうではなく失敗の原因を正確にとらえることを大事にするのかというところで、司法取引や免責という制度を使うことは、失敗の対策として非常に大切なことなのです。たとえば、これを組織のなかに採り入れるのです。組織のトップやリーダー、あるいは原因調査を専門に行うスタッフに免責付与権を与え、失敗した当事者に真相を語る場をもうけるのです。失敗対策には、小さな失敗を許すことで大きな失敗を防ぐために、このような合理的な考え方が必要となります。

懲罰的賠償制度

　免責を与える代わりに、アメリカで採用されているような「**わかっていたのに、なにも対策をせずに失敗した場合**」などでは懲罰的賠償の発想も必要となります。日本では免責という考え方がないのと同時に、懲罰的賠償の意識が欠けています。そうした失敗を「未必の故意」として、生じる失敗に対して重罰を与える制度です。

● 失敗対策の「合理的」な考え方 ●

合理的な考え方

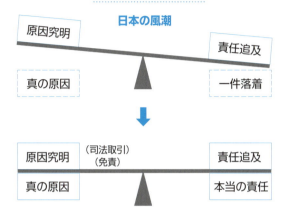

懲罰的賠償

2001年9月、薬害エイズ事件で業務上過失致死の罪に問われていた厚生省（現　厚生労働省）の元生物製剤課長に、禁固1年、執行猶予2年の有罪判決が言い渡された。

理由

「非加熱製剤の危険性を知りながら、なんの対策もしなかったのは明らかな不作為。それによって多くの感染死を招いたのは犯罪だ」

提唱：「見せない」「言わない」「触らせない」

「見ざる」「聞かざる」「言わざる」

　「見ざる」「聞かざる」「言わざる」というのは、情報遮断により安住を求めるということです。国際化と情報化が急激に進む世界の流れのなかで、それでは世界から取り残されてしまいます。

「見せない」「言わない」「触らせない」

　それなら、逆に「見る」「聞く」「言う」で、すべていけばいいのかというと、そこはきちんとした検討が必要です。情報社会のなかでは、外部からの情報を「見る」「聞く」ことはもちろん大事なことです。国際社会への貢献という意味では「言う」、つまり、自ら情報発信をしていくことも求められるでしょう。ただし、日本がこれからも技術に立脚してつくりあげたものを売ることで生きていく道を進むのなら、**「すべてを言う」ことは、自らの首を絞めることになります**。外に向けて発信する情報の扱いには、細心の注意が必要です。たとえば、苦労して開発した独自の先端技術情報までオープンにすることで自らの立場を苦しめることになるなら、そうした情報は「見せない」「言わない」「触らせない」に徹するべきでしょう。できた製品が相手に渡ることは防げません。ここでいう「見せない」というのは、製品ではなくその生産現場です。「言わない」は、なにをどう考えて製品をつくったかという企画です。そして「触らせない」は、生産手段である製造機や道具を触らせないという意味です。そうした情報なしにできた製品を見るだけでは、実際すぐにマネをしてつくれるものではありません。

　技術をブラックボックス化して他への流出を防ぐことは、かつての欧米の失敗に学ぶなら、いまの日本に欠かせないことなのです。

技術の流出を防げ

製品だけ見てもつくり方はわからない

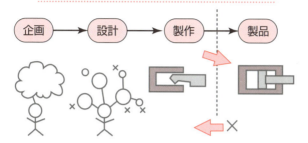

製品だけを見てもつくるプロセスは、わからない
製品だけを見てもどんな考えで企画したのかは、わからない

これからの日本の製造業の目指す道

「見ざる・聞かざる・言わざる」(三猿) から
「見せない・しゃべらない・触らせない」(三ない) へ

> もちろん、技術の発展には法則性があり、人為的に規制しても一時的な効果しかない。しかし、いま日本の製造業が生きる道を求めるには、こうするしかない、と私は思います。

第6章 失敗と向き合う～組織のリーダー

人の「器」について思うこと

リーダーはかくあるべき」「こう努力すればリーダーに」と、リーダー教育やリーダーシップ論が盛んです。その一方、「チームワークが大切」「これからはチームワークの仕事の時代」という声も。どちらもなんとなく胡散くさい話です。

　組織のなかでは、果たす役割によって人間の上下の関係があります。そのどちらにも、それぞれ守るべき道、やらなくてはいけないこと、考えなければいけないことがあります。私は、その上の人の責務を「親分道」、下の人の責務を「子分道」と名づけています。組織では、この「親分道・子分道」の徹底が失敗を創造に変えるのです。親分であれば、失敗の事実が明るみになったときには親分として、「知らなかった」では済まされません。まして、「悪いのは部下だ」など自分だけ責任逃れをするのは、もってのほかということ。親分には親分の器が、子分には子分の器があります。練習して親分になれるというものではありません。リーダー教育などは誰でもリーダーになれそうな教え方をして、それは夢がある話。会社員としてスタートするとき、誰もが等しく社長になれるような幻想を抱くのと同じです。

　人間には、本来、器があるのです。器を広げる努力をするのは大切ですが、無理をすれば器は壊れます。テレビのニュースで、重大な事故や不祥事が起きたときの組織リーダーの失態ぶりを目にするたびに、私はこの思いを強くしていますが、読者の方はいかがでしょうか。

第7章 失敗学から探る福島原発事故

福島原発事故で何があったのか？

この章と次の章では、2011年3月11日の東北地方太平洋沖地震によって
引き起こされた東京電力福島第一原発事故について、
失敗学の立場から検証してもみようと思います。
私たちは「今回の事故は自然災害だったから、仕方がない」と
遣り過ごす訳には行きません。
除染、避難住民の問題など未だに事故の後遺症は消えません。
二度とこのような事態を引き起こさないように、
福島原発で何が起こり、今後何をしなければいけないのかを検証し、
次世代のために教訓化することは私たちの責務だと考えます。

この章のキーワード

津波／INES（国際原子力事象評価尺度）／圧力容器／格納容器
ドライウェル（D/W）／サプレッションチャンバー（S/C）／電源喪失
メルトダウン（炉心溶融）／水素爆発／過酷事故（SA）／緊急時冷却システム
IC（非常用復水器）／フェールセーフ／ベント／SR弁（逃がし安全弁）
放射性プルーム／風評被害／オフサイトセンター

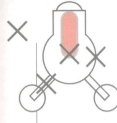

未曾有の原発事故発生！

福島第一原発事故はレベル7だった

　2011年3月11日に発生した三陸沖の大地震とそれに伴う**津波**によって、福島第一原発はその外部電源と内部電源が失われ、配電盤が水没し、原子炉及び燃料プールが冷却不能となり、**INES**（国際原子力事象評価尺度）**レベル7の「深刻な事故」に見舞われ**ました。また、福島第二原発でも、レベル3の「重大な異常事象」に見舞われました。

　それまでの国内で発生した原子力トラブルは、1999年に起こった東海村のJCO核燃料加工施設の臨界事故（レベル4）が最高でした。

　しかも、1979年に起こった米国のスリーマイル島事故（レベル5）や86年に起こった旧ソ連のチェルノブイリ事故（レベル7）はいずれも原子炉単基事故であったのに対し、福島第一原発の場合は**3基の原子炉が同時に損傷を受ける**という点で、史上最悪の原発事故であったといえるのです。

原発事故の検証は急務かつ厳正に

　これにより、福島第一原発周辺の住民は避難を余儀なくされ、ピーク時には地震や津波による者も含めて、県内他所への避難者は9万人以上、県外への避難者は6万数千人に達し、今も帰宅出来なかったり、ためらわれたりしているのが実情です。

　このような事故は、いつ大地震が起きても不思議でない日本では、どの原発においても他所事ではありません。しかも、様々な要因による原発建設地の制約を受けて、一か所に何基もの原発を建設しなければならないからなおさら深刻です。したがって、**福島原発事故の検証は急務であると同時に、厳正になされなければなりません。**

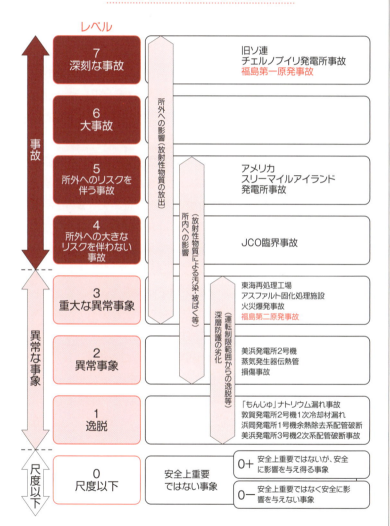

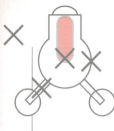

原子炉の仕組みと原子炉施設の構造

圧力容器は頑丈な容器だった

　福島第一原発の1号機から6号機の原子炉はいずれも**沸騰水型軽水炉（BWR）**で、原子炉のウラン燃料から発生する熱によって水（軽水）を沸騰させ、その水蒸気を利用してタービンを回し、電気を得る仕組みをとっていました。

　そして、その原子炉は高さ約20mの「**圧力容器**」と、その外側の高さ約34mの「**格納容器**」から成り立っていました。圧力容器は厚さ約160mmの鋼鉄製の容器で、ウラン燃料を核分裂させ高温高圧の水蒸気を発生させます。格納容器は厚さ約30mmの鋼鉄製の容器で、大きな圧力差を生じさせないように設計されている**ドライウェル（D／W）**と**サプレッションチャンバー（S／C）**と呼ばれる容器から成り立ち、放射性物質を外部に漏らさないための重要な設備でした。

　しかし、**メルトダウン**（炉心溶融）は起きてしまったのです。

電源喪失の原因になった配電盤はタービン建屋にあった

　また原子炉施設は、一般に**原子炉建屋**、**タービン建屋**、コントロール建屋、サービス建屋などから構成されています。

　今回の福島原発事故で一番の被害を出した原子炉建屋は地上5階、地下1階の構造物で、高さは地上約45mです。その中には、圧力容器、格納容器および使用済み燃料プールなどがありました。また、非常用冷却設備の多くは地下1階に配置されていました。

　また、タービン建屋にはタービン発電機や復水器、今回の津波でやられた配電盤が配置されていたのです。そして、地下1階には、非常用ディーゼル発電機（D/G）も配置されていたのです。

福島第一原発の概要

主要施設のレイアウト

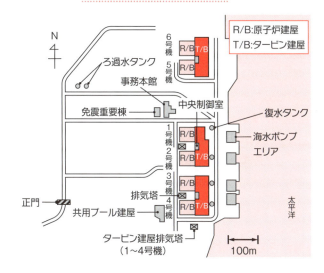

原子炉施設の断面図

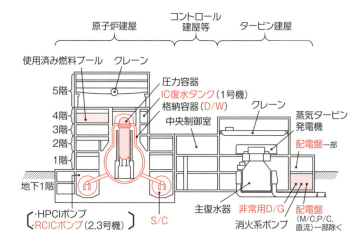

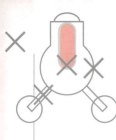

地震発生直前の1～6号機の状況は?

1号機から3号機は運転中だった

　地震発生直前の福島第一原発の原子炉の状況を見ますと、**1号機**は「**定格電気出力一定運転**」中でした。定格電気出力一定運転とは、原子炉電気出力を、発電可能な値である定格電気出力に保つ運転のことです。そして、使用済み燃料プールの水位は満水（水温25℃）でした。

　また、**2、3号機**は「**定格熱出力一定運転**」中でした。定格熱出力一定運転とは、原子炉熱出力を最大値の定格熱出力に保つ運転のことです。そして、使用済み燃料プールの水位はいずれも満水で、水温は2号機が25℃で、3号機が26℃でした。

4号機から6号機は運転中止中だった

　4号機は2010年11月30日から**定期点検中**でした。定期点検とは、電気事業法に基づき、設備・機器の健全性の確認、機能の維持、信頼性の向上を図るために約1年に1回のペースで行われる検査のことです。そのため、全燃料は圧力容器から取り出され、使用済み燃料プールへ移されていました（水位は満水、水温は27℃）。

　5号機も2011年1月3日から**定期点検中**でしたが、耐圧漏洩試験が実施されていたため燃料は原子炉に入れられ、制御棒も全て挿入状態でした。使用済み燃料プールの水位は満水（水温24℃）でした。

　6号機も2010年8月14日から**定期点検中**でしたが、原子炉には燃料が入れられ、制御棒も全て挿入された冷温停止状態でした。使用済み燃料プールの水位は満水（水温24℃）でした。

　そんな原発が立地する大熊町および双葉町に、2011年3月11日、最高震度が「震度6強」の地震が襲ったのです。

●地震発生時の各原子炉の状況 ●

地震発生前までの各原子炉の姿

	1号機	2号機	3号機	4号機	5号機	6号機
設置許可	1969年	1968年	1970年	1972年	1971年	1972年
着 工	1967年	1969年	1970年	1972年	1971年	1973年
営業運転開始	1971年	1974年	1976年	1978年	1978年	1979年
出力（万kW）	46	78.4	78.4	78.4	78.4	110
格納容器型式 国産化率（%）	MARK I 56	MARK I 53	MARK I 91	MARK I 91	MARK I 93	MARK II 63
主契約者	GE	GE 東芝	東芝	日立	東芝	GE 東芝
装荷燃料（本）	400	548	548	548	548	764

（出所）東京電力「数表でみる東京電力」

地震による各原子炉に加えられた振動加速度

観測点 （原子炉建屋 基礎盤上）		観測記録 最大加速度値（ガル）			想定値基準値振動Ssに対する 最大応答加速度値（ガル）		
		南北方向	東西方向	上下方向	南北方向	東西方向	上下方向
福島第一	1号機	460	447	258	487	489	412
	2号機	348	550	302	441	438	420
	3号機	322	507	231	449	441	429
	4号機	281	319	200	447	445	422
	5号機	311	548	256	452	452	427
	6号機	298	444	244	445	448	415

色字：想定を超えたプラント

《参考》
・今回の地震で、原発中で最大の揺れは女川原発の607ガル。
・過去では、中越沖地震（2006年）柏崎刈羽原発での680ガル。

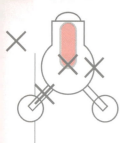

1〜6号機で何が起こったのか？

マグニチュード9.0の巨大地震が発生

2011年3月11日14時46分に、震源を三陸沖の深さ約10kmとするマグニチュード9.0の地震が発生しましたが、福島第一原発では、敷地地盤、各号機の原子炉建屋やタービン建屋など**53か所に地震計を設置**し、振動の観測を行なっていました（前ページの図『振動加速度』参照）。それにより、非常停止（スクラム）処置が作動し、制御棒が挿入され、核分裂反応は停止されました。

しかし、この地震ですべての外部電源は喪失させられたのです。

15mを超える巨大津波が襲う

そして、3月11日15時27分頃、福島第一原発は地震に伴う津波の第1波に襲われ、さらに、15時35分頃、第2波が続き、その後も断続的に襲われました。これらのうち、原発に決定的な打撃を与えたのは第2波の津波で、海側の海水ポンプエリアや主要建屋設置エリアの**ほぼ全域が15mを超える津波に見舞われた**のでした。

1号機〜4号機の主要建屋設置エリアの浸水高（津波の高さ）は、**11.5〜15m**でした。しかし、同エリアの敷地高は**10m**でしたから、浸水深（地表面からの浸水の高さ）は**1.5m〜5m（局所的には7m）**に達し、結果、**電源は喪失**されてしまったのです。

一方、1〜4号機とは別のブロックに設置されていた5、6号機は主要建屋設置エリアの敷地高が13mと相対的に高い場所に設置されていましたので、1〜4号機の設置エリアと同程度の津波に襲われたにもかかわらず、浸水深は1.5m以下で済んだのでした。結果、**電源が確保され、冷温停止に成功した**と考えます。

津波に襲われた第一原発1～4号機

原発1～4号機の海抜関係

主要建屋設置エリア
敷地高さ10m

海水ポンプエリア
敷地高さ4m

写真提供：東京電力

福島第一原子力発電所中心部
津波の高さは約15mあり、
主要部にあたる10mエリアまで全面的に浸水した。

《参考》
　気象庁はこの地震を「平成23年度東北地方太平洋沖地震」と命名し、政府はこの地震により発生した災害を「東日本大震災」と呼称することに決めた。

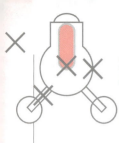

津波襲来後の1～4号機に何が起こったのか?

1、3、2、4号機の順に事故が深刻化

　3月11日からの5日間に起った水素爆発などの重要な出来事や注水などの事故対応の経緯を、号機別、時系列別にまとまると右ページのようなります。

　11日夜から1号機で**メルトダウン**に至る「**過酷事故（SA）**」が進展し、13日午前中に3号機が、14日午後に2号機がそれぞれ深刻化していきました。そして、15日には運転中止だったはずの4号機も、**水素爆発**に見舞われてしまいました。

電源喪失が過酷事故の始まりだった

　原発の安全確保は「**止める**」「**冷やす**」「**閉じ込める**」の三つが大原則です。そのため、原子炉停止時や事故時に最も重要な役割を担うのが、「冷やす」機能を果たす炉心冷却設備の確保です。

　しかし、15時35分頃に1～4号機エリアを襲った第2波の津波は、海岸に近い海抜4mの敷地に設置されていた非常用設備を含めた「**海水ポンプ**」全ての機能を奪っていったのです。

　同時に、海抜10mの敷地に建つ原子炉建屋やタービン建屋は**最大で7mの浸水**を被ったのでした。それにより、扉や空気取り入れ口などから建屋内に大量の海水が入り込み、タービン建屋1階および、地下1階に設置されていた配電盤など多くの設備機能を不能にさせ、ほとんど**全ての電源を喪失**させたのです（全号機で交流電源が喪失し、1、2、4号機では直流電源までも喪失する事態に陥る）。

　その瞬間から、私たちが今までに経験したことない想像を絶する事態、現在も収まることを知らない過酷事故が始まったのです。

各号機における事故の経緯

3月11日から15日までの経緯

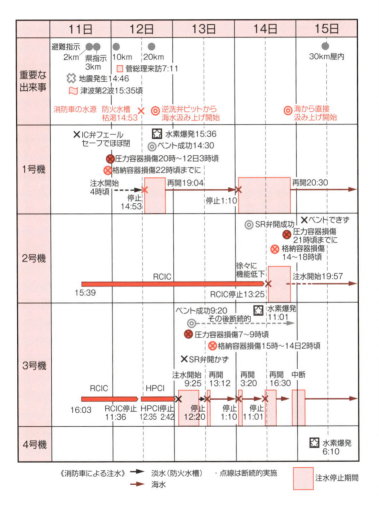

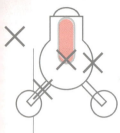

電源喪失後に何が?

原子炉冷却機能が停止

通常は、原子炉から出た高温高圧の水蒸気はタービンを回した後、復水器(蒸気を冷却し水に戻す装置)で海水に冷やされ、水に戻って原子炉に回され、常に原子炉が一定の温度に保たれているのです(「**定常時冷却部**」のシステム)。

しかし、外部電源喪失(D/Gも停止)により「復水器」の機能がストップし、「海水ポンプ」も止まったため海水も失われ、「定常時冷却部」のシステムは全滅してしまったのです。

ただ、このシステムが効かなくなっても電源さえ確保されていれば、この「復水器」より容量の小さい「**正常停止時冷却部**」と呼ばれるシステムが作動し、原子炉を冷却することになっていたのです。

緊急時冷却システムも崩壊

さらに、それも働かなくなってしまった場合でも、非常用復水器(IC)や原子炉隔離時冷却系(RCIC)による「**緊急時冷却系**」が準備されていたのです。つまり、原子炉を「**冷やす**」ために**三重のシステムが採られていた**のです。

しかし、その「緊急時冷却系」も電源喪失後には、機能不能になってしまったのです。

結果、「**IC**」を採用していた1号機では直流電源喪失時点で不能に、2号機は70時間後に不能に。しかし、3号機は直流電源が確保されていたために、20時間は動いていたのです。

また、全号機には圧力容器が高圧状態でも注水可能な高圧注入系(HPCI)も緊急時冷却システムとして設置されていました。

原子力発電所の基本的安全システム

3つの冷却システムの流れと構成

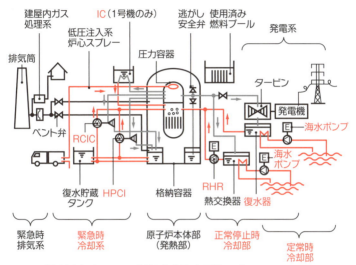

RHR：残留熱除去系　　IC：非常用復水器（1号機のみ）
RCIC：原子炉隔離時冷却系（1号機以外）　HPCI：高圧注入系

電源の流れと構成

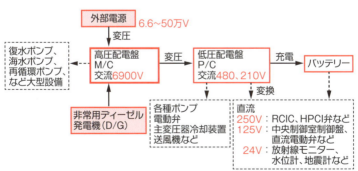

（注）M/C,P/Cには、それぞれ常用（外部電源）・非常用の2系統がある。

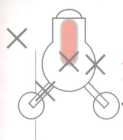

全電源喪失後の1号機で何が起こっていたのか？①

ICのフェールセーフ機能が裏目に

　IC（非常用復水器）は、動力を必要とせず自然循環で圧力容器を冷却できますので、復水器タンクに水さえあれば長時間の運転が可能でした。しかし、回路の遮断弁が**フェールセーフ**（不具合が発生したら「安全サイド」に動作する設計思想）機能により**四つの弁全てで閉じてしまい、全電源喪失後にほとんど機能しなかった**のです。

　ですが、**それに気づかなかった**ため、冷やされるべき原子炉の高温蒸気がICに循環できず、冷却機能は失われてしまったのです。

　つまり、「非常事態＝フェール」時には、放射能の漏洩を抑えるために**圧力容器を「閉じ込める」**ことが「安全サイド＝セーフ」という設計思想でしたので、全ての弁を閉ざすことになり、結果的に裏目に出てしまったのです（1号機以外のRCICでは、弁は電源喪失後もそのままを維持されるように設計されていた）。

非常事態にベントを試みる

　ICの機能不全に伴い、結果、**ベント**を余儀なくされました。

　ベントとは、過酷事故（SA）により格納容器の圧力が高まった時、容器の破壊を防ぐために蒸気（放射性物質を含む）を外部に放出することです。その際、「A／O弁（圧縮空気作動弁）」、「M／O弁（電動弁）」、不用意に放射性物質を外部に漏らさない「ラプチャーディスク」を全て開けて行います。

　ちなみに、蒸気放出ラインにはD／WからとS／Cからがありますが（右ページ参照）、今回は水を通過する際に放射性物質の約99％が濾過されるS／Cベントが実施されました。

●IC不調からベント実施へ●

ICを動かせなかったメカニズムの誤認

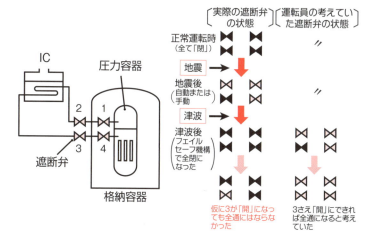

1号機のベント回路図

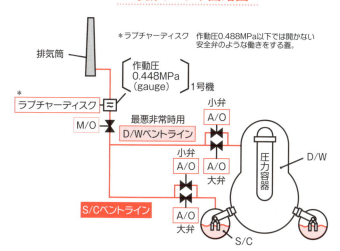

第7章 福島原発事故で何があったのか?

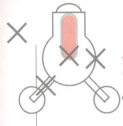

全電源喪失後の1号機で何が起こっていたのか？②

原子炉建屋内で高放射線量を確認

11日17時50分頃、作業員がICの復水器タンクの水量を確認するために原子炉建屋に向かったのですが、入口付近の放射線量が正常値でなかったので引き返すことになりました。この時点で、**燃料の一部が冷却水面より上に露出していた**可能性が十分に考えられます。

D／Wの圧力上昇が続く

ICが正常に機能していると思っていましたので、圧力容器からの漏洩水蒸気によるD／W圧力が異常に上昇していることに気づいた時点（全電源喪失8時間以上経過）では、**メルトダウンも進み、圧力容器や格納容器からの漏洩も始まっていた**とみられます。

淡水注入に成功するも水が涸渇

IC機能不全のため冷却ができなくなりましたので、急遽、**消防車による消火系の淡水注入**が事故発生の翌朝から、消防車のタンク内の水、続いて防火水槽の水で実施されました。注水量は数十分当たり1〜2トンでしたが、水源が涸渇して淡水注入の断念を余儀なくされました。

水素爆発が起る！

12日14時半頃にベントは成功しましたが、すでに漏洩していた水素により、**15時36分、原子炉建屋で水素爆発**が起きてしまいました（作業員5名が負傷、復旧作業一時中止）。格納容器の爆発でなかったのは、不幸中の幸だったといえましょう。

海水注入を開始

淡水涸渇に及べば海水の注入が検討され、準備もされており、12日**19時4分頃、消防車による海水注入が開始**されたのでした。

1号機で起こったこと

3月11日から12日にかけて起ったこと

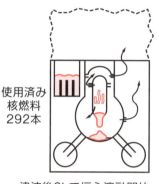

使用済み
核燃料
292本

・津波後3hで炉心溶融開始
・津波後24hで水素爆発

1. 地震後IC断続作動。津波後、弁の開閉状態を誤認。
2. 津波後、ずっと冷却できず（この間に炉心溶融したと考えられる）。
3. 原子炉建屋内で高線量を確認。炉心溶融を懸念。
4. 原子炉水位高と判断（後に水位計不良と判明）。
5. D/W（ドライウェル）の圧力上昇が判明し、IC不動作に気付く。
6. 3/12 未明 閉じ込め機能喪失
7. ベントを試みるが成功せず。
8. 3/12 5:46 防火水槽から淡水注入に成功。14:53 水の枯渇により停止。
9. 3/12 14:30頃 S/C（圧力抑制室）ベントに成功。
10. 3/12 15:36 水素爆発。
11. 3/12 19:04 海水注入成功。

1号機の水素爆発

写真提供／福島中央テレビ

第7章 福島原発事故で何があったのか？

203

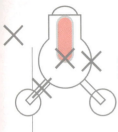

全電源喪失後の2号機で何が起こっていたのか?

RCIC(原子炉隔離時冷却系)は生きていた

2号機も全電源喪失でしたが、RCICは電源喪失直前に中央制御室の遠隔操作により手動で起動されましたので、電源喪失後も炉心の冷却は維持され、2日間以上も安定した状態が続いていたのです。

SR弁(逃がし安全弁)が不調に

しかし、RCICの停止後、消防車による注水が開始されたのですが、蒸気を逃がして圧力容器圧力を調整する**SR弁操作が不調**のため、減圧が遅れ、注水(海水)を行うことが出来ない状態が続きました。しかも、SR弁の開操作に成功して注水が開始されても、**消防車の燃料切れで停止を余儀なくされ**、容器の温度(圧力)を下げるのが難しく、注水も不可能になってしまいました。

ベント不成功……その後、格納容器に亀裂か?

格納容器を破壊から守るためD/Wベントまで決定したのですが、中央制御室の遠隔操作にもかかわらず、3号機の水素爆発でベント回路を開状態に保つことができず、**ベントに失敗**したのでした。

この間、メルトダウンや圧力容器損傷が進んだ結果、格納容器のD/W圧力は上昇、高止まりしたと考えられます。

制御不能のまま、格納容器爆発の最悪事態を懸念しつつも、4号機の水素爆発が起って数時間余りから**容器圧力が大気圧近くまで急落**しましたので、**容器に大きな損傷が生じた**と考えられました。

しかし、水素爆発はなぜ起らなかったのか?

原子炉建屋の小窓を塞いでいた板が1号機の水素爆発の衝撃で脱落し、**水素が屋外に放出され、水素爆発が起らなかった**のです。

●2号機で起こったこと●

3月11日から15日にかけて起ったこと

使用済み
核燃料
587本

1. 3/11 15:39 RCIC手動起動(動作確認できず)。
2. 3/12 4時頃 RCICの水源を復水貯蔵タンクからS/C(圧力抑制室)に切り替え。
3. 3/14 13時頃 RCIC自然停止。
4. ベント及びSR弁開操作不成功のまま。
5. 3/14 13時頃～19:54 冷却できず(この間に炉心溶融したと考えられる)。
6. 3/14 19:03 原子炉圧力低下(原子炉注水可能となる)。
7. 3/14 19:54 海水注入開始するが、時々中断。
8. 3/15 6:10 異音発生。格納容器の爆発と考えた(4号機の水素爆発を誤認した)。
9. 3/15 11:25 D/W(ドライウェル)圧力低下(格納容器破損の可能性あり)。

・津波後76hで炉心溶融開始
・水素爆発せず
・津波後73hで格納容器破損

建屋の小窓から蒸気が漏れ出す

写真提供:東京電力

2号機ブローアウトパネル用窓より蒸気が漏れている様子
1号機の水素爆発により脱落したものとみられている。
そのため、2号機では水素爆発を免れた。

第7章 福島原発事故で何があったのか?

205

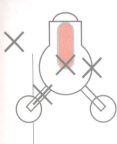

交流電源喪失後の3号機で何が起こっていたのか？①

　津波の浸水で**交流電源は喪失**されました。しかし、直流電源盤やバッテリーはタービン建屋の「中地下階」にありましたので**直流電源喪失を免れ、原子炉圧力や水位などは監視・制御できた**のですが……

RCIC（原子炉隔離時冷却系）を手動で起動

　交流電源に不備が生じた後、RCICを手動で起動させ、直流電源で働かせました。しかし、**復水貯蔵タンクの容量は定格運転で1日分しかもちません**ので、制限しながらの運転を余儀なくされたのです。

HPCI（高圧注水系）を手動で停止

　しかし、1日後の12日11時半過ぎ、RCICが停止（原因不明）し、原子炉の水位が低下し始めたため**HPCIが自動起動**し、水位を戻しました。HPCIとは、原子炉が高圧状態でも急速注水可能な"最後の切札"的**非常用炉心冷却設備**です。ただ、自動運転の継続は起動と停止を繰返すことになり、バッテリーの消耗を来たしますので、注水量を制限しながら運転せざるを得ませんでした。

　このため、（冷却されて）**圧力容器圧力は下が**りました。しかし、原子炉水位は読み取れない（注水の実態は不明）状態でしたので、HPCI破損が懸念されました。結果、HPCIを手動で停止させ、SR弁を開き、容器内を減圧し、ディーゼルエンジン駆動消火ポンプによる低圧注水を行なう、と、判断したのです。

SR弁開操作不能、破局的な事態に

　しかし、SR弁の開操作はバッテリー容量不足で失敗。圧力容器圧力は急上昇し、低圧注水は不可能に。急遽、HPCIとRCICの再起動を試みるも失敗。結果、**破局的な事態が生じてしまったのです**。

●3号機で起こったこと●

3月11日から14日にかけて起ったこと

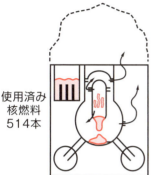

使用済み
核燃料
514本

1. 3/11 15:05 RCIC作動。
   3/12 11:36 RCIC停止。
2. 3/12 12:35 HPCI自動起動。
   3/13 2:44 HPCI手動停止。
3. S/C（圧力抑制室）ベント成功するが、不安定。
4. 3/13 2:44～9:25 冷却できず（この間に炉心溶融したと考えられる）。
5. 3/13 9:25 淡水注入開始。
   3/13 12:20 淡水枯渇により注入停止。
6. 3/13 13:12 海水注入開始するが、時々中断。
7. 3/14 11:01 水素爆発

・津波後41hで炉心溶融開始
・津波後67hで水素爆発

3号機の水素爆発

写真提供／福島中央テレビ

原子炉建屋の側面の壁が頑丈な構造であったため、
垂直方向に大きな爆発となった。

第7章 福島原発事故で何があったのか？

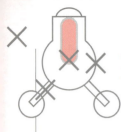

交流電源喪失後の3号機で何が起こっていたのか？②

バッテリーをかき集めてSR弁を開く

　SR弁操作に必要な120V電源を確保する必要に迫られていたのです。しかし、発電所外から届けられたバッテリーは2Vで使い物にならなかったのです。そこで、**発電所内に駐車中の車のバッテリーを10個外して電源を確保し**、HPCI停止から7時間余り後の13日9時50分頃、SR弁の開操作にこぎつけたのでした（実際には手遅れで、圧力容器は破損していて、減圧されていたのです。もちろん、メルトダウンも起こっていたはずです）。

ベント実施に望みを託す

　一方、エア（圧縮空気）の不足などから手間取っていたベント作業も、13日8時41分頃に2つのベント弁を開状態にすることができたのです。9時20分頃、D／W圧力が大きく低下したのでベントが実施されたことが確認され、また、圧力容器は破損により自然に減圧されて、**消防車による注水が可能**になったのです。

水素爆発が起る！

　13日14時半頃、原子炉建屋の二重扉北側で300mSv/hの極めて**高い放射線量が計測**され、扉の内側に靄のような蒸気も見えたので、水素爆発が懸念されたのです。しかし、有効な手立てを打てないまま、翌14日、原子炉建屋で**水素爆発が起きて**しまいました（負傷者11名、消防車4台全てが作動停止、消防ホースも使用不能）。

やむなく、海水を直接注入！

　冷却作業は消防車による注水が不可能になり、**海から給水し**、2、3号機に**直接注入する方式に変更**されました。

208

SR弁の取り付け位置と構造

SR弁の取り付け位置

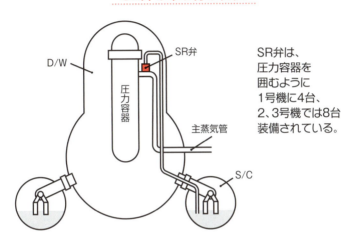

SR弁は、圧力容器を囲むように1号機に4台、2、3号機では8台装備されている。

SR弁機能の仕組み（制御信号による強制減圧）

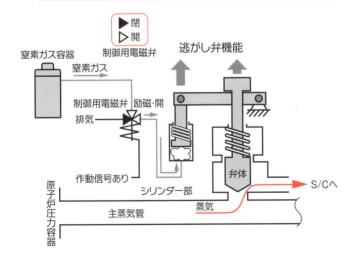

第7章 福島原発事故で何があったのか？

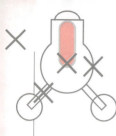

運転中止中の4号機で何が起きていたのか?

なぜ使用済み燃料プールの水量は確保されていたのか?

4号機の使用済み燃料本数は1～4号機中最大(1331本)でしたので、放水による**冷却作業が最優先**と考えられていたのです。

しかし、水素爆発後も使用済み燃料プール水量は確保され、燃料の露出もありませんでした。

電源喪失後の使用済み燃料プールの水位は崩壊熱によって低下するはずなのに、なぜだったのでしょうか。

4号機は定期点検中でしたので、使用済み燃料プールとゲート(壁)1枚隔てた原子炉ウェル側にも水が張られていたのです(右図参照)。そのため、プール側の水位が低下するとウェル側との水位に大きな差が生じ、**水圧がウェル側からプール側にかかってゲートの密閉性が失われ、水がプール側に流入**することになったのです。

これは、極めて幸運だったのですが、3月20日に4号機に放水が開始されなかったら、最悪の事態を招いていたかもしれません。

なぜ水素爆発が起こったのか?

運転中止の4号機でしたが、15日6時10分頃、原子炉建屋で**水素爆発が起こり**ました。運転を中止していたのですから、普通は考えられないことだったのです。

したがって、3号機のベント操作の際に排出された水素が、**共通排気筒への途中経路から4号機の原子炉建屋2階に逆流した**としか考えられません。

2階から流入した水素は、使用済み燃料プールがある空間体積の小さい4階部分に滞留して、爆発が起こったとみられます。

4号機で起こったこと

4号機使用済み燃料プールの構造

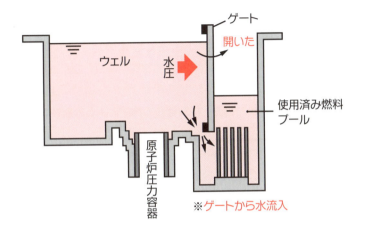

建屋に流れ込んだ水素の経路

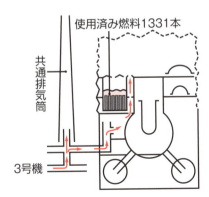

・定期点検中
・津波後87hで水素爆発（3号機からの漏洩）

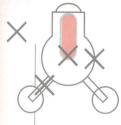

放射性物質の漏洩が深刻に

メルトダウン（炉心溶融）が起きてしまった

　水素爆発が起ったことにより、放射性物質の漏洩が心配され始めました。しかし、実際は水素爆発による飛散よりも、冷却不能によるメルトダウンに続く、**圧力容器・格納容器の損傷による放射性物質の放散**が深刻な事態を引き起こしたのでした。

　1～3号機の圧力容器と格納容器の損傷時期は、次の通りでした。
・1号機：圧力容器損傷＝11日20時～12日3時頃
　　　　　格納容器損傷＝11日22時頃までに
・2号機：圧力容器損傷＝14日21時頃までに
　　　　　格納容器損傷＝14日14時～18時頃
・3号機：圧力容器損傷＝13日7～9時頃
　　　　　格納容器損傷＝13日15時～14日2時頃

　結果的に、ベントにもSR弁開操作にも失敗した**2号機の損傷が一番大きく**、水素爆発は起さなかったのですが**放射性物質漏洩も激しかった**のです。その証拠が、原発施設正門付近の放射線量が15日と16日に急激に高くなるという結果だったのです（右ページ図参照）。

放射性物質による原発周辺への影響も深刻に

　ここで15～16日の状況を見てみますと、15日夕方の強い南東の風に乗った漏洩放射性物質（**放射性プルーム**）は、夜に降り出した（6時間以上の）雨もあり、**原発から北西方向の地域に深刻な放射能汚染を引き起こす**ことになってしまったのです（右ページ図参照）。

　つまり、その日、原発から北西方向の飯館村や浪江町などにとっては、**気象条件も最悪**だったということなのです。

●2号機に迫った危機的状況●

15日、2号機のS/C圧力値がゼロを示す

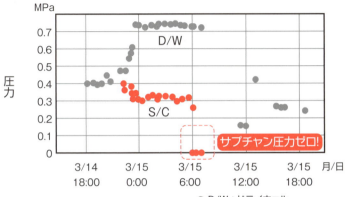

15日夜の放射線漏洩量と飯舘村方向の風

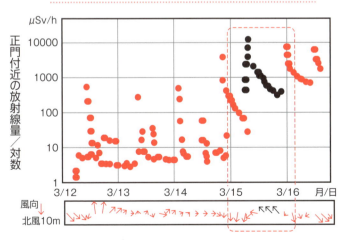

第7章 福島原発事故で何があったのか?

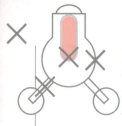

原発周辺では何が起こっていたのか？

　原発事故では原発内部の経緯だけに対応していれば、全てが解決される訳ではありません。それを痛切に思い知らされたのが今回の事故でした。したがって、**原発内部の検証だけでは片手落ち**で、外部周辺でも何が起こっていたのかは検証されなければなりません。

原発事故は全てを崩壊させる

　放射性物質の外部飛散が想定されていなかった今回の事故は、対応が遅れただけでなく、対応策そのものがなかったのです。

　そのため、放射性物質による直接的な死者は出ませんでしたが、**周辺住民はほとんど情報を得られないままに避難指示に翻弄**され、

　大熊町の入院患者や高齢者が避難場所に搬送中に死亡

　長期間にわたる避難生活の中で多くの人が死亡（震災関連死）

の犠牲者を出してしまいました。原発事故は「風評被害」なども含めますと、**家族、地域、社会のいたるところを崩壊させた**のです。

深刻な風評被害に見舞われる

　放射性物質が外部に放出されれば、環境への影響が心配され、その過剰反応による**風評被害**が引き起こるのは当然と言えましょう。

　今回の風評被害は**まず食品**に現われ、福島県産や東北地方産の農水産物が安全と確認されても忌避され、商品価値を下げることになりました。さらに深刻だったのは、**津波による瓦礫を受け入れてくれる地域がほとんど無くなってしまった**ことで、東日本大震災の復旧・復興事業そのものが停滞してしまったことでした。

　ほとんどが**放射能に対する無知**から起こされたとは言え、人間の危機意識に対する感情としてはやむ得ないところもあったのです。

●原発事故で起こったこと●

原発事故の全体像

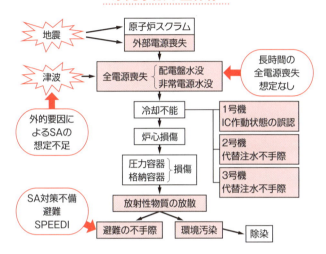

津波が引き起こした事故連鎖像

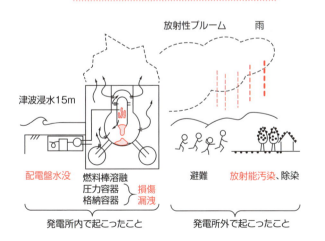

第7章 福島原発事故で何があったのか？

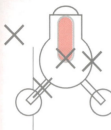

なぜ、避難住民に大混乱が生じたのか?

情報不足は危険を招く

　3月11日から12日にかけ、事故の全体的状況を把握できないまま、政府の判断で**避難地域や屋内退避地域が次々と拡大**されたのでした。しかも、ただ「逃げろ」と言うだけで、**具体的指示がなされなかった**ため住民の混乱に拍車をかけることになり、さらに、次々と**避難先も変更**される結果に繋がってしまったのです。

　関係市町村の初期の避難状況をみますと、たとえば富岡町民の避難先は初め川内村でしたが、川内村民とともに郡山市に再避難。浪江町は住民を遠隔地に避難させましたが、15日にはそこも危険と通知され、二本松市に再避難を余儀なくされました。しかも、**多くの避難経路は放射性物質が飛散した方向と一致してもいた**のです。

現地のオフサイトセンターが機能停止

　現地の情報が、なぜ災害対策本部などに届かなかったのでしょうか。

　緊急時の拠点として**原発から約5kmの大熊町に設置されていたオフサイトセンターが機能停止**になったからです（3月15日に福島県庁に移転）。なぜかといえば、地震時の通信設備マヒに加え、施設に放射性物質を遮断する**空気浄化フィルターが装備されていなかった**のです。

　ですから、3月14日の3号機建屋爆発後に上昇した放射線量のため、関係者は同センターを退去せざるを得なかったのです。

　なんともお粗末で、原子力災害を想定したセンター（災害発生時における現地対策本部の設置場所だった）にも関わらず、放射線の対策が施されていなかったのです。したがって、政府の「ともかく逃げろ」も止むを得なかったと、言えなくもありません。

●住民避難の混乱状況●

11日から15日に出された避難・退避指示

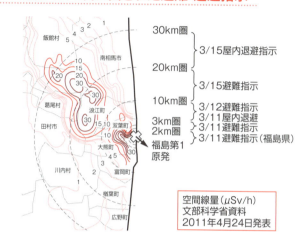

空間線量(μSv/h)
文部科学省資料
2011年4月24日発表

福島県各市町村の避難者数と避難先

各市町村の避難者数
6200人（飯館村）
1300人（川俣町）
31800人（南相馬市）
1600人（葛尾村）
20900人（浪江町）
6900人（双葉町）
1500人（大熊町）
2500人（田村市）
16000人（富岡町）
7800人（楢葉町）
2900人（川内村）
5100人（広野町）
114500人（総計）

第7章 福島原発事故で何があったのか？

217

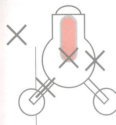

大熊町の双葉病院の悲劇とは?

搬送中に病院患者等15名が亡くなる

　大熊町の双葉病院で起った事実関係を時系列に追ってみます。

　3月12日早朝、**避難指示を受けて**、自力歩行可能な患者209名と病院長を除くスタッフが避難（寝たきり患者など約130名＊と病院長、介護老人施設入所者98名とその職員2名が残留）。

　13日午前中、**残留者救助の依頼**が県庁にある。

　14日午前中、自衛隊が入所者98名と病院患者34名を救助。同日20時頃「いわき光洋高校」に搬送。しかし、医療設備のない高校側は21時半頃受け入れに同意するも、**8名の患者が死亡**。

　15日11時頃、残る47名の搬送を開始。さらに、11時半頃、7名を救助。しかし、福島県立医科大学附属病院に受け入れを拒否され、16日1時頃、伊達ふれあいセンターに搬送するも、**2名が死亡**。

　16日0時半頃、最後まで残っていた35名の救助を始めたが、霞ヶ城公園などに搬送中に**5名が死亡**。

連絡や情報の共有の不徹底が悲劇を招いた

　この悲劇を引き起こした主な原因に、次の事が考えられました。

・**全体を把握する担い手が明確になっていなかった**
・**寝たきり患者の情報が対策本部内で共有されなかった**
・**数通りあった搬送先病院への連絡に不備があった**

　そのため、役割分担が不明確になったり、搬送に適さない車両が手配されたり、搬送先が体育館や遠方になってしまったりしたのです。

　また、県警からの**連絡が県災害対策本部内で共有されなかった**ことも、救助が16日までかかってしまった一因をなしていたのです。

＊4名は搬送前に病院内で死亡。

事故にともなう避難行動の経緯

11日から16日の避難行動と事故との関係

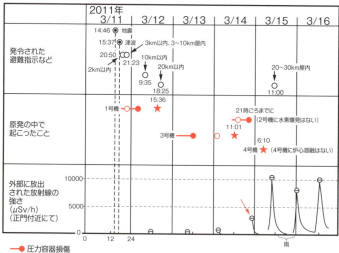

その後の経緯

○2011年12月26日　緊急事態解除宣言

○2012-3年以降
年間積算線量20mSvを基準にして次の区域を設定
 ・警戒区域
 ・帰還困難区域
 ・居住制限区域
 ・計画避難区域
 ・避難指示解除準備区域

「放射性物質」「放射線」「放射能」について

私たちは「放射性物質」、「放射線」、「放射能」の3つの言葉を混同しがちです。しかし、それぞれ意味が異なっているのをご存知でしょうか。

次にまとめてみましたので、確認してみてください。

● 「放射性物質」とは、ラジウムやウラン、プルトニュウムなど放射性元素を含む物質の総称です。

● 「放射線」とは、放射性元素の崩壊に伴って放出される粒子や電磁波で、α線（ヘリウムの原子核）、β線（電子の粒子）、γ線（Ｘ線などの電磁波）の3種類のことです。

● 「放射能」とは、放射性物質が放射線を出す現象やその性質をさす言葉です。

いかがでしたか？　区別されていた方は、かなりの放射能通と言えます。それでは、この三つの中で人体に最も悪影響を及ぼすものはいったいどれでしょう？

日本では「放射能」という言葉が馴染み深く、原子爆弾を連想されて忌避しがちですが、実は、一番の問題は「放射線」です。

私たちの肉体に害を及ぼす張本人が放射線だからです。Ｘ線を想像すると一番わかりいいのですが、放射線は私たちの肉体を通過しますので、その強さ（いわゆる、シーベルト）によって遺伝子を破壊して癌を発生させたりするのです。

しかし、Ｘ線によるレントゲン撮影や癌への放射線投与など医療分野での利用が常識ですから、放射線の恩恵ばかりに目が向きがちです。しかし、利点と危険は紙一重だったのです。

第8章 失敗学から探る福島原発事故

事故の深刻化は人災だったのか?

前章で事故の経緯・原因、被害の実態を中心に検証しました。
この章では、失敗学に基づいた視点から、「原発安全神話」が
「なぜ」起きてしまったのかを、政府事故調における「最終報告」を
まとめた立場の一人として、改めて浮き彫りにしてみました。
そして、その延長線上で「原発は、廃止か? 再稼動か?」という
深刻な問題も扱わざるを得ませんでした。
これからの日本の姿や進み方を私たち一人一人が
選択しなければならない時期は、目の前に迫ってきているのです。

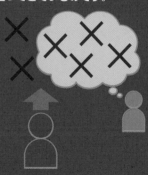

この章のキーワード

原発安全神話／内的事象／外的事象／"気"に包まれた意識／失敗の道
成功の道／減災／有事の対処・運営／"横串を通す"組織運営／逆演算
現場力・個人力／原発廃止／電力不足対策／エネルギー危機／食糧危機
原発再稼動／100年後に耐える／知識化

原発安全神話が全ての元凶!

　福島第一原発事故は、INESによると最高レベル（レベル7）の原子力施設の事故でしたが、それにしてもなぜ、事故後の対応や処理をこれほどまで誤ってしまったのでしょうか。

原発事故はあり得ない!

　それを一言で指摘するならば、「**日本の原発は世界一安全**」という**神話に寄りかかっていた**のです。

　今回の福島原発事故まで我が国では、INESレベル4以上の事故は1999年に死者2名を出したJCOの臨界事故のみで（169ページ参照）、しかも原子力関連施設であって、**原発事故でありません**でした。原子力発電所でもレベル2以下のトラブルはありましたが、**大量の放射性物質が放散される事例は皆無**だったのです。

　ですから、国や事業者、技術者の間に「**原発安全神話**」が生まれてくる土壌はそろっていたのです。スリーマイル島事故やチェルノブイリ事故はありましたが、我が国ではレベル3以上の原発事故が起っていなかったことに胡坐をかき、**過酷事故に対する現実感を喪失**させてしまった、と、言わざるを得ません。

　ちなみに、INESのレベル1～3はインシデント（異常な事象）、4～7はアクシデント（事故）です。アクシデントとは、事故の影響が施設外に及び、被爆で1人以上の死者が出た事象になります。

想定不足、準備不足は当然だった!

　したがって、右ページに並べてみました想定不足、準備不足が露呈されてしまったのも、「**見たくないものは見えない**」→「**都合の悪いことは考えない**」→「**神話の出現**」の連鎖の結果とも言えます。

● 想定・準備不足の諸点 ●

浮き彫りにされた問題点

- ・内的要因による事故だけを想定し、外的要因によるSA（過酷事故）を想定しなかった。
- ・自然災害対策において津波の想定・AM（アクシデントマネジメント）策が不十分だった。
- ・福島県沖を震源とする大規模な地震や津波の可能性の知見が増していたのに、それに注目しなかった。
- ・東京電力は複数の原子炉の同時被災を考えなかった。
- ・複合災害の視点がなかった。
- ・事故発生後への備え（被害拡大防止策）がなかった。
- ・原子力防災マニュアルがSAに対応するものではなかった。事前の防災訓練も不十分だった。
- ・予期せぬ事態の出来に十分な備えがなかった。

- ・海外から導入された技術を日本の風土に適合させることが十分に行われなかった。
- ・（1993年）安全委員会が長時間の全電源喪失は考えなくてもよいとした。
- ・TMI、チェルノブイリで獲得した知見を取り入れなかった。
- ・独立した原発安全規制機関がなかった。

- ・国や上層部の判断・決定事項に従うのみで、それを前提として判断・行動するだけだった。
- ・安全の第1義的な責任は事業者にあるという自覚がなかった。
- ・個々の設備および全体システムの理解が不十分だった。
- ・SPEEDIの活用不足のため、適切な避難誘導が行われなかった。
- ・オフサイトセンターは放射線防護設備が整備されていないため使えなかった。

- ・危険なものである原子力発電を社会の不安を払拭するために「安全神話」により推進してきた。
- ・想定外事情に対応できる個人を作る教育・組織文化がなかった。

第8章 事故の深刻化は人災だったのか？

過酷事故対策の問題点①
法令等も想定・準備不足だった！

法令は絵に描いた餅に過ぎなかった！

　我が国の原子力災害対策は、1961年制定の『**災害対策基本法**』（基本法）をベースに、JCO臨界事故（99年）を契機に制定された『**原子力災害対策特別措置法**』（原災法）を中心になされてきました。

　『基本法』には原子力災害の発生および拡大を防止し、災害の復旧を図る対策が記され、『原災法』には原子力災害が発生した際の対処の基本が定められていました（右ページの表参照）。

　しかし、それが上手く活かされなかったのです。その好い例が、『**原災法**』で定められたオフサイトセンターの設置でした。この設置はJCO事故を教訓に、現地と中央を結ぶ必要性から義務付けられたもので、同法に基づいた『原子力災害対策マニュアル』に沿い、予算を設けて機能させることになっていました。

　しかし、216ページで述べましたとおり、同センターは機能停止を余儀なくされ、現地対策本部の役割を果たせなかったのです。

権限の曖昧さによる災害対策の矛盾

　また、通達で事前に備蓄されていた**安定ヨウ素剤の配布**を巡り、県と町の対処の違いも浮き彫りにされました。

　三春町は住民の被曝が予想されましたので、薬剤師の立会いで住民への配布を行なったのですが、県側は「国からの指示がないので配布の中止と回収」の指示を出すことになってしまったのです（実際は、それに従わずに三春町は配布を実施）。

　こうした現場の不備と混乱は、過酷事故など起り得ないという奢り（神話）がもたらした油断と機能停止としか考えられません。

●『原災法』の構造 ●

改正前の『原災法』における主な緊急時対応

実施主体	条文	実施事項
国・経済産業省	第10条第1項	通報の受信
	第10条第2項	専門的知識を有する職員の派遣
	第15条第1項	原子力安全・保安院による指示案及び公示案の提出
	第15条第2項	内閣総理大臣による原子力緊急事態宣言の発出
	第15条第3項	内閣総理大臣による避難勧告、立退きの指示
	第16条第1項	内閣府に原子力災害対策本部を設置
	第17条第9項	原子力災害現地対策本部の設置
	第20条第3項	各機関への支援指示
	第23条	原子力災害合同対策協議会の設置
	第26条	緊急事態応急対策の実施
	第27条	原子力災害事後対策の実施
地方公共団体	第10条第1項	通報の受信
	第10条第2項	専門的知識を有する職員の派遣要請
	第22条	都道府県及び市町村災害対策本部の設置
	第23条	原子力災害合同対策協議会の設置
	第26条	緊急事態応急対策の実施
	第27条	原子力災害事後対策の実施
	第28条	避難の指示、災害派遣の要請
原子力事業者	第10条第1項	国、地方公共団体への通報
	第25条	原子力災害の拡大防止のための応急措置の実施
	第26条	緊急事態応急対策の実施
	第27条	原子力災害事後対策の実施
	第28条	指定公共機関の応急対策等の実施、被害状況の報告

（注）2012年6月改正以前の旧規定。

第8章 事故の深刻化は人災だったのか?

過酷事故対策の問題点②
過酷事故は想定外だった！

　1955年に東海村に原子力研究所が設置されて以来半世紀、レベル4以上の事故が1回しか起らなかったことで、油断が自信を、自信が過信を、過信が神話を産んでしまったのは事実です。

外的要因は考慮に入れず

　我が国の**原子炉の安全は、現行規制によって十分に確保されているという思い込みがあった**、と、言わざるを得ません。

　我が国の過酷事故の発生率（10^{-6}/炉・年）がIAEA（国際原子力機関）の目標としていた評価（既設が10^{-4}/炉・年、新設が10^{-5}/炉・年）をかなり下回っていたことが影響したかもしれません。

　しかし、阪神・淡路大震災以降は地震なども考慮に入れたのですが、過酷事故を引き起こす「**内的事象**（原子力プラントの故障や人的エラーなど）」と「**外的事象**（地震、洪水・津波・火山噴火などの**自然現象**や飛行機落下・施設の爆破などの**外部人為事象**）」のうち、**前者に偏った対策しか考慮しなくなっていたのは油断以外にありません**。

電源喪失はあり得ない！

　しかもその油断は、内的事象に対しても及んでいたのです。

　原子力委員会の『発電用軽水型原子炉施設に関する安全設計審査指針』には、「高度の信頼度が期待できる**電源設備の機能喪失を**同時に**考慮する必要はない**」、「長期間における**電源喪失は**、送電系統の復旧または非常用ディーゼル発電機（D/G）の修復が期待できるので**考慮する必要はない**」としていたのです。

　これでは、過酷事故に対する具体的な対策の準備どころか、**心の準備さえしなくなった**と言わざるを得ません。

思考における想定内と想定外

思考と境界との関係

考えを作るためには考える範囲を決めることが必要である

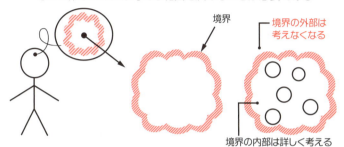

境界を作るためには<u>制約条件を仮定</u>しなければならない
 ＝

原発事故時における想定内と想定外

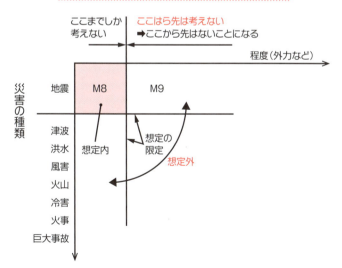

過酷事故対策の問題点③
福島には津波は襲ってこない！

　本書の14ページで「見たくないものは見えなくなる」と指摘しました。利害関係や社会・時代の変化によって、都合の悪いことは考えなくなり、自分が見たいものしか目に入らなくなってしまったのです。

巨大津波の姿が見えなかった！

　その好い例が、**津波対策**に見ることができます。

　福島第一原発設置許可申請時点で、津波の想定高さの最大値はチリ地震津波の3.1mでした。その後、5.7m、6.1mと変更されました。が、10m超の巨大津波（貞観津波）の可能性も指摘されていたのに、地震学者らの「**福島沖を震源とする大地震はない**」という大勢を支配する"**気（共通マインド）**"**に流され**、切捨ててしまったのです。

　しかも、津波に襲われた記憶がほとんどなかった福島県民の「**福島には津波は来ない**」という"**気**"**に包まれた意識**が、津波対策を軽視させた原因でもあったのです。しかし、津波による電源喪失が主原因で今回の事故がレベル7となったのは、周知の通りです。

見えない敵に備えることは不可能

　原発関係者の議論でも、地震に関しては真剣でしたが、津波に関しては突っ込んだ検討はされず、専門家も含まれない状態でした。

　つまり、津波は震源と地震規模が決まればシュミレーションできるから「**地震の専門家さえいれば大丈夫**」という"**気**"に包まれた中で、**津波は地震随伴事象でしかなかった**のです。ですから、『耐震設計審査指針』に「津波によっても、施設の安全機能が重大な影響を受けるおそれがないこと」と明記されたにもかかわらず、「稀にしか起こらない」**津波に関しての対策は後回しにされた**のです。

●津波を軽視した福島第一原発●

人は気付かないうちに"気"に包まれる

・"気"に囲まれている当人は気付かない。
・外から見ている人だけが気付く。

地域別の原発の位置と襲った津波の高さ

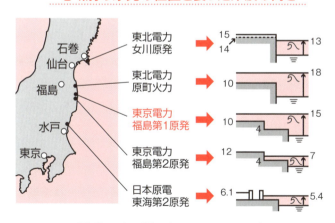

三陸海岸では高い津波は来るものと思っていたが、仙台湾以南では高い津波が来ることは誰も考えていなかった。

第8章 事故の深刻化は人災だったのか？

教訓的総括① あり得ないと思えることでさえ起こる!

「事故が起こったら」という発想がなかった

　今回の事故による損害額は、少なくとも50兆円はかかると考えられます。しかし、なぜそんな莫大な損害を出すまで被害が拡大してしまったのでしょうか。それは、国または自治体、事業者、さらには住民の中に**事故はあり得るという観点が希薄**だったからです。

　事業者・国・県は「事故を起こさない」という観点の対策しか考えず、「事故はあり得る」という立場から仮説を加えた事故の全体像を想定し、その対策を考慮してこなかったのです。

事故が起ってから後悔しても遅い

　そのため、放射性物質の外部飛散を想定した対策は講じられていなかったのです。住民も安全神話に惑わされて自らの責任で避難する心構えも疎かになっていたのです。国も県もそんな対策を住民に促せば、危機意識が高まり、原発事業に支障を来たすと、考えていたのです。

　ですから、**避難訓練は行なわれていましたが、まったくの形式的**で、実際の事故にはまるで役に立つものではありませんでした。

　実際、放射性物質の外部飛散が予想された時の自治体に出された避難指示が「その場から逃げろ」だけで、具体的な内容が皆無だったことは、そのことを物語っているのです。

見えないものに対する備えも

　まして、放射性物質は色も臭いもなく、人間の五官では感知できません。ですから、今後は、実際に起こった経緯を分析するだけでなく、「あり得そうもない」事象も仮説として加えた全体像を練り上げ、**「失敗の道」から「成功の道」を見つける**姿勢も大切になるのです。

●「成功の道」を探る●

想定を設けるときのポイント

・あり得ることは起こる
・あり得ないと思うことが起こる
・思いつきもしないことさえ起こる

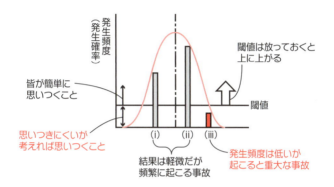

仮説を加えて全体像を作る

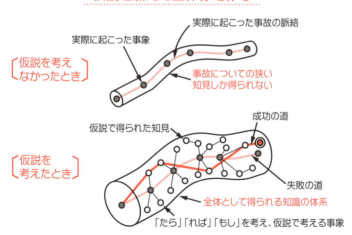

第8章 事故の深刻化は人災だったのか？

教訓的総括② 備えあれば憂えることはない！

"成功の道"を見つけることこそ大切！

　事故調査は「失敗の道」の検証分析に偏り勝ちです。しかし、事故の教訓を次に生かすためには、検証事実以外のあらゆる可能性を想定して**「成功の道」を明らかにしなければ片手落ち**です。

　福島原発では地震の想定と備えは充実していました（実際、地震による損傷は原子炉などにはなかったと考えられる）。しかし、津波の想定と備えはほとんどされていませんでした。それでも、全電源喪失の対策として**自家発電機と移動式コンプレッサーが装備されていたら過酷事故に至らなかった**可能性が、その後の検証で判りました。

　ですから、事故後、国内原発には電源車の配置指示がなされたのでした。しかし、「後の祭」の観はいなめません。

減災の発想も必要！

　しかし、私は「想定を無限大にして、備えろ」と言っているのではありません。「人間には、気付かない事態が必ず残ってしまうことを認識すべき」と言いたいのです。その上で大切なことは、予期せぬ事態に遭遇しても「**最悪の事態に至らない対策を立てること**」と言いたいのです。

　したがって、事故に対する"防災"対策だけでなく**"減災"対策にも目を**、という発想を持つことです。ここで言う減災対策とは、「たとえ被災したとしても被害を最小に食い止める」対策を打つことです。つまり、今回の事故でもし、前述のコンプレッサーが装備されていたら最悪の事態は回避された、と言うことです。

　人間には限界があることを謙虚に認めなければなりません。

防災の限界点と減災の関係

防災思考の限界点

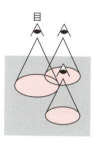

(a) 物の見方と見える範囲

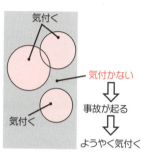

(b) 気付く領域と気付かない領域

どんなに調べ・考えても気付かない領域が残る。予めそういう領域があることを想定して準備する。

(c) 正しい対策

減災思考の導入を

これまでの皆の考え方
・事故を起こさないためにはどうするか（防災）のみを考え、事故が起こった後のことは考えなかった。

⬇

今後すべき考え方
・あり得ることは起こる、即ち事故は起こると考え、事故が起こった後のことを考えて対応（減災）を準備する。

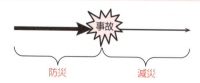

第8章 事故の深刻化は人災だったのか？

233

教訓的総括③
不変なものなど存在しない！

この世に変わらないものなど存在しない

人間は元来保守的で、「今あるものは永遠にあり続けるはず」と思い込みたがるものです。しかし、どんな知見や状況、社会的潮流も変わるのです。**臨機応変に対応する考え方**を持たなくてはなりません。

今回の事故を振り返りますと、どうだったでしょう？

地震学の進歩や貞観津波の調査で、福島県も巨大津波に襲われる知見が増していたのに、無視をしていたのでは？

スリーマイル島やチェルノブイリの原発事故、9・11同時多発テロなどから知見していた内容も考慮していなかったのでは？

また、今回の事故後でも、当初は原発反対一色だった国民の目も、最近は**原発再稼動止むなし**に移りかけているようです。

実際、米国ではスリーマイル島の事故以来、原発新設は中止されました。しかし、30年後の2012年に新設が認可されました。また、チェルノブイリでは、避難住民の寿命が非避難住民より7年も短くなったように、避難の長短の差が人体に与える影響も様々なのです。

記憶だけでなく人間そのものも消えていく

実際、後30年もすれば、今回の事故を経験した世代の**3分の1程度は消え**、事故を良く知らない世代が中心になるのは現実です。社会の構成員が変われば、社会全体の考え方も変わっていかざるを得ないのです。

ですから、原発問題を考える際も時間の経過を考慮に入れ、絶えず原発を取り巻く**変化に対応する柔軟なものの見方や考え方**を身につけられなければ、判断を誤りかねないと言えなくもないのです。

減退し消滅していく記憶

記憶と時間の関係

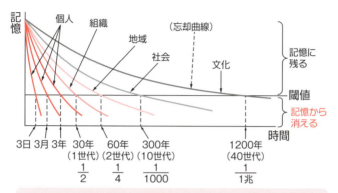

災害の記憶の減衰・消滅〜3日、3月、3年、30年、60年、300年、1200年〜

大災害は頻度が低く、発生の間隔が長いため、
災害の記憶は社会から消えやすい。

失敗の蓄積量と時間の関係

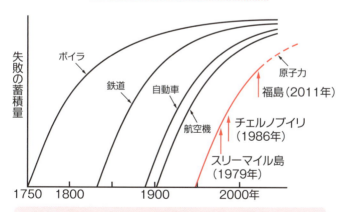

・どんな分野でも十分な失敗経験を積むには200年かかる。
・原子力はまだ60年しか経っていない。

第8章 事故の深刻化は人災だったのか？

教訓的総括④ 張子の虎は張子の虎でしかない

　今回の事故でオフサイトセンターが機能停止に陥った経緯は216ページで指摘しましたが、**SPEEDIが住民避難に活用されなかったのも、宝の持ち腐れとして周知のこととなりました。**

被害の拡大は当然であった！

　SPEEDIが活用されたら、放射性物質が「**いつ**」「**どの方向に**」「**どの程度**」飛散するかを、地形及び気象状況だけからでも計算によって求めることができたのです。しかし、放出源の情報が地震や津波の影響で得られなかったということで、活用されなかったのです。

　ですから、避難者はただ遠くへ逃げる以外になく、放射性物質が流れた方向に逃げていた住民も多かったのです。これは、SPEEDI運用者がその**整備目的を把握していなかった**ことに他なりません。

　また、**フェールセーフ・システムを誤解していた**ことで、原発1号機のICが機能していないことに気付けなかったことは200ページで触れました。これらは、管理者が過酷事故を想定外にしていて、装備や施設がいくら立派でも形だけになっていた証拠です。

今回の被害拡大は人災でもある

　今回の事故で、**有事の対処・運営に希薄だった**組織が急速に変化する事態に対応できなかったことがあまりにも多過ぎました。

　ほとんどの組織は、平時の仕事を能率よくこなせる縦割り構造です。しかし、この構造は急速に変化する有事にはまったく対応できず、機能しなくなるのです。いわゆる"横串を通す"組織運営も求められる所以が今回の事故で嫌というほど知らされました。日本中のあらゆる組織に蔓延る課題が浮き彫りにされたと言えなくもないのです。

●SPEEDIは宝の持ち腐れだった？●

理解不足だったSPEEDIのメカニズム

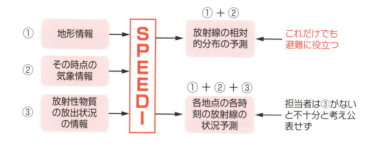

放射性物質の降下予想分布はモニタリングと一致

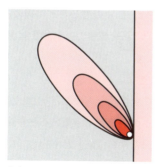

(a)
2011年3月15日17:00の風況と地形情報からSPEEDIで算出された放射性物質の単位放出に対する放射性物質の予想降下量分布

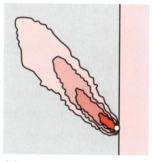

(b)
航空機モニタリングによる地上1mの空間線量率（2011年4月29日）

放射性物質放出の実測データがなくてもSPEEDIの情報が伝えられれば、避難に有効だった。

教訓的総括⑤ 臭い物に蓋をしない勇気も必要!

　原子力とは原爆の元でもありますから、私たちが想像するよりはるかにエネルギー密度が高く、非常に危険なものです。それでも使いたいのなら、"**危険だけど使う**"という意識を持たなければいけません。

原発安全神話は臭い物に被せる蓋だった

　しかし、「原子力はクリーン」「原子力は安全」などというスローガンが独り歩きしてしまったのです。しかも、日本人に蔓延してきた潔癖症や絶対安全を要求する風潮がそれに飛びついたのです。つまり、安全とは危険が全て除去された状態だと思い始めたのです。

　しかし、**人間の思考や行為には必ず"抜け"がある**もので、絶対と言えるものなどありません。ですから、「都合の悪いことは考えない」安全神話が立ち上がり、その"抜け"に蓋を被せて、**安全を追求することしか考えなくなってしまった**のです。

危険を考えないから被害が拡大する

　事故前の原発推進派も反対派も、安全神話を求める方向でしか思考していなかったのです。前者は「危険への対応ができているから安全」、後者は「安全性の根拠や説明が不十分だから危険」と主張していたのです。両者とも、「事故は起こるものだ」という**逆からの視点や発想・考察**(発生被害を最小限にするなど)**は皆無**に近かったのです。

　たとえば、右ページのように「水素爆発で建物が壊れる」という危険を想定していたなら、**逆演算**によって、「圧力容器が空焚き状態になる」ことも考えられたかもしれないのです。そうしていたら、事故に備えてどういう防災並びに減災が可能か、さらに災害拡大防止策までも検討していたに違いないのです。

● 順演算と逆演算からの対策を ●

順演算と逆演算の関係

(a) 原発を理解するのに必要な見方

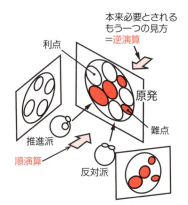

(b) 推進派も反対派も同じ方向から見ていた
（両方向から見るのが不可欠だった）

水素爆発は予知できた

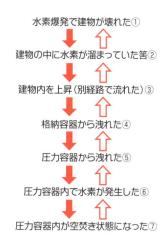

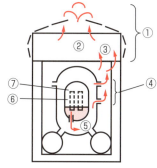

⬇ 起こった現象から前の現象を推算（逆演算）

⬆ 推算結果を元にした現象の推移

第8章　事故の深刻化は人災だったのか？

239

教訓的総括⑥ 自立した個人の育成こそが望まれる！

最後は人間力にかかっている

　100年に1度と言われた3基同時のメルトダウン事故も、現在、不十分とは言え押さえ込まれようとしています。同時に、事故直後、海水注入の中断指示を無視し続けた故吉田所長を始め、原発所員らが最悪事態を回避することを共通目標（全体像）に命を張り、自らの責任で行動した**現場力**、**個人力**をけっして忘れていけないと思います。

　それは、事態の変化にどう対処したら回避できるかの**判断と行動を主体的に担う個人の存在の大きさ**を知らしめたことでもあります。

過酷事故に至る危険性は誰も認識していなかった？

　しかし、同時に、原発の設計等に携わっていた技術者の資質も問われることになりました。

　技術者たちも「原子力安全神話に寄りかかって、何も発言をしてこなかった」のでは？　もっと言えば、「神話を積極的に流布することで、自己の責任を回避してきた」のでは？

　危険性を認識していた技術者はいたはずです。「安全神話」が崩壊した現在、技術者や原発作業員に求められるのは主体的に判断し、発言・行動する人材です。それなくして、今後の安全は図れません。

危険に立ち向かう人材育成も

　しかし、最悪の事態ばかり探り出し、恐れていては、何かを作り出し、踏み出すことはできません。未知の世界にチャレンジする人類には、**危険に立ち向かう勇気も時には必要**です。そのためにも、危険から目を背けず、**危険に正対して議論を闘わせる**主体的かつ能動的な個人の育成が最も急務になってきているのです。

● 個人の主体性が求められる ●

現実とは想定内と想定外のぶつかり合い

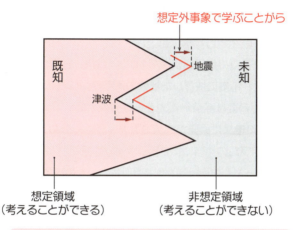

想定外事象が起こると未知と既知の境界が変わる。

行動は常に全体像を念頭に置いて

今後について①
原発は廃止できるか？

原発1基は黒四ダム4基に匹敵

未だに汚染物質処理問題が深刻で、家庭も地域も崩壊させる事故を経験した以上、**電気に依存した社会の再考が迫られる**のは当然です。

戦後の電力需要は経済最優先という名の下に、上昇軌道をたどり、日本では1960年代に原発が導入されました。そして、今や**原発1基の出力が黒四ダムの4倍**にまで膨れ上がり、原発がなければ日本社会は回らなくなってしまう現実を創りだしてもいたのです。

ですから、**原発廃止**を叫ぶことは簡単にできます。が、**電力不足対策**抜きに、叫ぶことは許されません。

原発は危険でコストが高い！

原発の発電コストは他の燃料に比べて低いと言われてきました。しかし、今回の事故による損害額（50兆円以上と推定）を発電コストに割り当てると、**今までより1kWh当たり約7円上昇**することになります。これは、他の発電システムに比べて低いとは言えません。

代替エネルギーにも問題がある

化石燃料発電は、**燃料の安定供給**が持続的に可能なことが第一条件です。しかも、二酸化炭素排出による**温暖化問題**は相変わらず深刻です。また、ドイツでは脱原発・自然エネルギーへの転換を図っていますが、以下のような問題点も浮き彫りにされているのです。

- ●風力発電…冬場の過剰電力の捨て場がなく、電力網によって強制的に受電させられる近隣諸国と摩擦が生じてきている。
- ●太陽光発電…立地条件（高緯度）により能率よく発電ができず、発電コストの上昇を招いてきている。

原子力発電コストは意外に高い

太陽光・風力・原子力の比較

	太陽光	風力	原子力
発電コスト	49円/kWh	〔大規模〕 10〜14円/kWh 〔小規模〕 18〜24円/kWh	5.3円/kWh
必要な敷地面積	100万kWh級の原子力発電所1基分を代替する場合		100万kW級
	約58km^2 山手線の内側面積と ほぼ同じ	約214km^2 山手線の内側面積の 約3.4倍	約0.6km^2 ※原子力発電所の敷地面積の合計を稼働基数（54基）で割った場合
設備利用率	12%	20%	80%

「抽出：電気新聞特別号 原子力を考える Vol.24」

・第1回低炭素電力供給システム研究会資料（2008年7月8日）
・総合資源エネルギー調査会「新エネルギー部会資料（2008年10月）」／「新エネルギー部会報告書（2001年6月）」
・原子力2010「コンセンサス」

真の原子力発電コスト

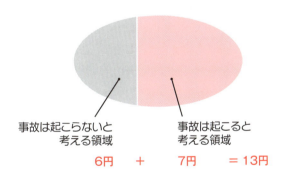

事故は起こらないと考える領域　　事故は起こると考える領域

6円　＋　7円　＝　13円

原発による累積発電量＝ <u>2882億kWh</u>×50年×1/2≒7.2兆kWh
　　　　　　　　　　　（2010年度分）

原発1kWh当たりの事故対応費＝50兆円÷7.2兆kWh≒7円

第8章　事故の深刻化は人災だったのか？

今後について②
原発技術は継承すべき！

日本は衰退の道をたどるのか？

原発事故以降、日本各地で電力供給量が心配されています。その心配が続きますと、今までも様々な要因で進行していた産業の空洞化・弱体化にますます拍車が掛かると予想されます。すると、**エネルギー危機**だけでなく、**産業危機**、さらには、輸入に頼る日本では**食糧危機**に見舞われるかもしれません。その結果、耐乏生活を強いられる最悪のシナリオが完成されてしまうことも考えられます。

社会は変わる……原発待望論が浮上？

原発廃止の意識はまだ高いようですが、大飯や川内の原発再稼動は現実味を帯びてきました。これは円安など化石燃料を取り巻く不安定要因が電力業界を直撃する理由からだけでなく、**低迷する経済の突破口の１つに日本の原発技術を活用**したい願いも働いているのです。

同時に、原発事故の記憶が次第に薄れ、被災地域以外の人々の関心から離れてきているのも事実です。しかし、これを人間のエゴだから仕方ないと、**流れに任せる態度では元の木阿弥**です。

電力問題は社会の枠組みさえ変えかねない

したがって、各個人が将来の社会像を描く際には、**原発と社会のバランスの上に自己を懸けざるを得ない選択**が待っているはずです。

・危険ではあるが、潤沢な電力を得るために**原発を増設**。
・産業競争力の低下とエネルギー等の欠乏を覚悟し、**原発を全廃**。

これらは両極端な選択肢かも知れません。しかし、自らの現実を進めていく上で、突きつけられる選択肢でもあるのです。どのような選択をするにせよ、個々人の判断と決断が求められているのです。

● 原発をゼロに出来る? ●

日本は衰退していく?

これまでに既に起こっている日本の衰退

- ・第1次産業の衰退
- ・生産の海外シフト
- ・第2次産業の衰退
- ・国力の衰退

- ・老齢化
- ・地方の過疎化
- ・充足感
- ・依存型思考

日本衰退加速のシナリオ

原発廃止をすれば……

- → 電力不足・電力価格上昇
- → 生産の海外シフトが加速
- → 産業力の衰退
- → 国力の衰退
- → 円安
- → エネルギーと食料不足
- → 耐乏生活

- ＊ 再生可能エネルギー買い取り問題
- ＊ 原発技術の継続
- ＊ 廃炉、使用済み核燃料の処理問題

原発技術の必要性は多岐にわたる

- ・日本で原発廃止となっても、廃炉技術は必要
- ・事故の収束には、原発技術・廃炉技術が必要
- ・放射性廃棄物処理技術が必要
- ・海外向け(特に新興国)に原発建設・運用技術が必要
- ・国民の考えが変わり、日本が再び原発を新設するときに備えて、原発建設・運用技術が必要

第8章 事故の深刻化は人災だったのか?

最後に 100年後に耐える私の「所感」とは

日本に存在する商業用原子炉は71基

　現在、日本に存在している商業用原子炉は計画中（12基）、建設中（2基）、運転可能中（54基）、廃止中（3基）で、その全てが停止されています。福島原発の未曾有の事故とそれに対処してきたこの4年間を思えば、なかなか稼動に踏み切れない状況にあるのも当然のような気がします。しかし、再稼動させるにしても問題は山積、廃止に突き進むにしても**原発を廃炉にし、使用済み核燃料を処理しない限り、原発に関する問題に終わりはありません。**

100年後の評価に耐える知恵の確立を！

　そこで、私が事故調の委員長に就任する際、事故で学んだことを**知識化**し、時代が変わっても他の分野にも適用できるように**普遍化**したいと考えました。それが、「**100年後に耐える**」という意味でした。

　その集約が、事故調の最終報告書の「委員長所感」という7項目でした。最後にそれを再掲し、本書を閉じることにします。

①あり得ることは起こる。あり得ないと思うことも起こる。

②見たくないものは見えない。見たいものが見える。

③可能な限りの想定と十分な準備をする。

④形を作っただけでは機能しない。仕組みは作れるが、目的は共有されない。

⑤全ては変わるのであり、変化に柔軟に対応する。

⑥危険の存在を認め、危険に正対して議論できる文化を作る。

⑦自分の目で見て自分の頭で考え、判断・行動することが重要であることを認識し、そのような能力を涵養することが重要である。

原発に依存していた日本

事故前における原発の運転・建設状況

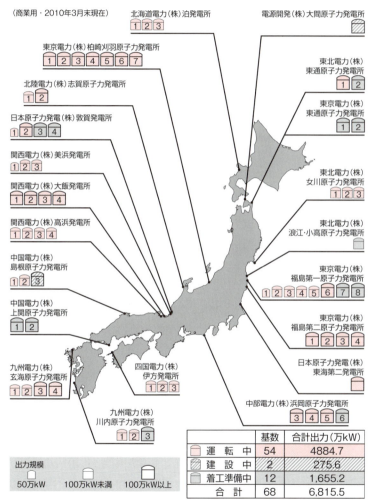

運転終了:日本原子力発電(株)東海発電所 1998.3.31／中部電力(株)浜岡原子力発電所1、2号機 2009.1.30
(出所)資源エネルギー庁「原子力2010」

日本に原子力発電を扱う資格はある?

今回の福島原発事故は、現場の作業員たちの命がけの働きによって、最悪の事態に至る手前で踏み止まれました。しかし、その一方で、今回の事故は日本原子力技術者たちのあり方が問われたように思われます。

つまり、私たち日本の技術者はこれまで、あまりにも自分の意見を抑え過ぎていたのではないでしょうか?

私（畑村）が米国ロスアラモスの国立研究所に行った際、意見交換した人の話をここで紹介します。その人は1999年のJCOの臨界事故調査に米国調査団の一人として来日したマクローリンという人で、彼は事故調査の際、日本の技術者一人ずつにインタビューをしたのです。しかし、「誰一人として自分の考えや意見をキチンと述べる者がいなかった」と言うのです。

そして、「技術者一人ひとりが自分の考えをキチンと持ち、その考えを外部に向って発信できる国でなければ、原子力を扱う資格はない」と、私の眼を覗きこみながら厳しい意見を日本人である私に突きつけたのでした。

さらに、今回の政府事故調査国際会議（2012年2月）では、フランスのラコステ氏はいみじくも「日本が事故を起こす危険性を感じていた。日本の安全基準が国際レベルに達していない」と発言されたのです。その瞬間、それはつまり、安全基準を支えている日本の原子力技術者に対して抱く不審や不信への警告でもあったと思われてなりませんでした。私自身も含めて自省・自戒せざるを得ない瞬間であり、身が引き締まる思いがいたしました。

あとがき

　本書を最後まで読まれた読者は、筆者とその仲間たちが現在までに作ってきた"失敗学"のほぼ全容を理解できたと思います。と、同時に、そんな私たちが『政府事故調』に係ってきた中で、原発事故から引き出せた教訓も理解いただけたのではないでしょうか。

　つまり、失敗を避けるには、個人としては『逆演算』と『仮想演習』、集団としては『暗黙知の表出』と『出力型学習』が最も重要なのです。

　『逆演算』とは、起こるかもしれない結果を先に考えて、そこに至る道筋を逆に探って行く考え方です。実際に起こっている現象を客観的に観察し真摯に受け止めることによって、起こり得る失敗を想定することができ、深くかつ広い予見を可能にする手段です。

　『仮想演習』とは、自分の目の前に見える条件だけを考えるのではなく、条件が変化した際に何が起こるのかを予測し、あらゆる種類のあり得る事柄に対処して行こうという考え方です。

　『暗黙知の表出』とは、その分野の人なら暗黙の内に持っている知識（暗黙知）を敢えて外に出すことです。口にし、文字にし、または絵にすることで、見える形として集団の中で共有する考え方です。

　『出力型学習』とは、自分の持っている考えを他人に向って口に出すことから始まります。そして、自分の意見を他人に聞いてもらい、他人からのアドバイスを受け、そのコミュニケーションを通じて個人の考え（個人知）や集団としての考え（共有知）などを整理・構築していく学習です。"個人知"と"共有知"の両方を持っている集団は不必要な失敗を避けられ、失敗の対処もスムーズに図れるはずです。

　現実問題として、日本は今後、様々な分野で少子高齢化による問題

が深刻化するのは間違えありません。日本産業を支えてきた団塊世代がリタイアし、それまで培われてきた「技術の伝達」が途切れがちになり、いろいろな場面で不都合が生じ、事故が起きているのです。

さらに、深刻なのが技術分野での『疲労・劣化』と『潜在システムエラー』の問題です。

高度成長期に作られた様々な施設、設備、土木構築物などは40年以上も経てば、その劣化が深刻になり、思わぬところから大事故が起こることも考えられます。また、最近のマスコミを賑わしている電機産業に見られる大手企業の衰退は目を覆うばかりです。過去の栄光に甘んじて、未来図の設計が内向きに(見たいものしか見なく)なって、外国企業に立ち遅れ、競争力の低下したことが原因と考えられます。チャレンジを恐れた成熟は、自滅の道をたどる以外にありません。

したがって、そこを解決するためにも本書で取り上げた『逆演算』という発想が改めてクローズアップされてくると思います。『逆演算』から物を見、『仮想演習』を繰返す立場に立って、各産業界ならびに各企業、各個人が自らの未来設計を新たにし直す時期に、日本は足を突っ込んでいると私は考えます。

また、『潜在システムエラー』ですが、様々な自動装置の事故や銀行等のATMの不具合に象徴されるように、マイコンや様々な制御システムによって安心が確保されている機械システムや社会システムが思わぬところでトラブルを起こし、故障や事故につながることです。多くは「ソフトウェアのバグの問題」「システムの接続問題」に由来しますが、大トラブルになるケースもたびたびです。

これもまた、起こっている事態がどういうことなのかを『逆演算』的に探っていかないと、トラブルの種は絶てないと思います。

そういう意味でも、福島原発事故は、今後の"失敗"について考える

際に、貴重な体験と教訓を残してくれたと思います。つまり、7章を事故の事実関係の章とし、"失敗学"から考えられる検証と心得を8章として、展開した次第です。60ページの紙面でしたが、言わんとする所はスッキリとまとめられたと思います。

そして、「"失敗"とはやはり、"人間の問題"だ」ということに行き着いた気がしました。事故を拡大させたり、失敗を未然に防げなかったのも人間であり、また、事故を何とか押さえ込もうとしたり、失敗を防ごうとするのも人間だということです。

そして、事故を通して私たちが最も必要としていることは"失敗の道"を探り出すことだけではなく、一人一人が共通の目標に向った"成功の道"を勇気を持って模索していくことなのです。しかも、厄介なのはそこに必ず人間の欲望が働いているということです。

私（畑村）は原発賛成派でも反対派でもありません。ただ、私たちが生活したり生産したりする際にエネルギーの消費が欠かせないのなら、「エネルギーを何とかして作り出さなければならない」と言いたいだけです。そして、原発が必要だとすれば、「『原発は危険である』という認識に立って、『事故は必ず起こるものだ』という前提の対策も考慮した上で使用すべき」と、主張する者です。もちろん対策とは『最悪の事態に至らない対策＝減災対策』を立てることです。

以上、様々な課題やそれに向き合う態度について述べてきました。読者諸氏は、同じような失敗を繰返さぬための指針に本書で得られた知見を役立て、新しい挑戦を立ち上げる際の判断基準に生かしてくだされば、筆者の喜びに堪えません。

また、本書を改訂するにあたり、資料の再整理ならび再構成に関し、乾坤社の副島さんから多大の尽力を賜りましたこと、感謝いたします。

2015年7月20日

畑村　洋太郎

さくいん

あ行

ISO（国際標準化機構）‥‥‥‥‥176
INES（国際原子力事象評価尺度）
　‥‥‥‥‥‥‥‥‥‥‥‥‥‥188
IC（非常用復水器）‥‥‥‥198、200
アイデアのタネ
　‥‥‥‥‥‥‥‥104、106、118
圧力容器　‥‥‥‥‥‥‥‥‥‥190
安全な道　‥‥‥‥‥‥‥‥‥‥132
安定ヨウ素剤　‥‥‥‥‥‥‥‥224
暗黙知　‥‥‥‥‥‥‥‥90、174
1：29：300の法則‥‥‥‥‥‥‥26
一番危険な道　‥‥‥‥‥‥‥‥132
営団地下鉄日比谷線脱線衝突事故
　‥‥‥‥‥‥‥‥‥‥‥‥‥‥96
H2Aロケット‥‥‥‥‥‥‥‥‥98
SR弁（逃がし安全弁）
　‥‥‥‥‥‥‥‥204、206、209
エネルギー危機　‥‥‥‥‥‥‥244
大型自動回転ドア事故
　‥‥‥‥‥‥‥‥‥86、88、90
オフサイトセンター‥‥‥216、224
思いつきノート
　‥‥‥‥‥‥‥112、114、116
親分道・子分道‥‥‥‥‥‥‥‥186

か行

外的事象　‥‥‥‥‥‥‥‥‥‥226
格納容器　‥‥‥‥‥‥‥‥‥‥190
過酷事故（SA）
　‥‥168、196、224、226、228
仮説立証‥‥‥‥‥‥‥‥106、108

仮想演習　‥‥‥‥‥‥68、72、88
　　　　98、108、116、172、176
仮想仕事の原理　‥‥‥‥‥‥‥161
課題設定‥‥‥‥‥‥120、134、138
課題設定能力　‥‥‥‥‥‥‥‥150
価値観不良（失敗原因）‥‥‥‥‥32
機械設計　‥‥‥‥‥‥‥‥‥‥42
企画不良（失敗原因）‥‥‥‥‥‥32
企業衰退の30周年周期‥‥‥‥‥164
技術の失敗周期‥‥‥‥‥166、168
技術は飽和する　‥‥‥‥‥‥‥162
"気"に包まれた意識　‥‥‥‥‥228
逆演算‥‥‥‥18、172、178、238
逆演算思考　‥‥‥‥‥‥‥‥‥172
QC（品質管理）‥‥‥‥‥‥‥‥176
巨大橋の30周年崩落　‥‥‥‥‥166
決定の道筋と心理的障壁　‥‥‥158
緊急時冷却システム　‥‥‥‥‥198
原因究明と責任追及　‥‥‥86、182
減災　‥‥‥‥‥‥‥‥‥‥‥‥232
原子力の20周年事故周期　‥‥‥168
建築設計　‥‥‥‥‥‥‥‥‥‥42
原発安全神話　‥‥‥‥‥‥‥‥222
原発再稼動‥‥‥‥‥‥‥234、244
原発廃止‥‥‥‥‥‥‥‥242、244
現場力・個人力‥‥‥‥‥‥‥‥240
高速思考回路　‥‥‥‥‥‥‥‥136
誤判断（失敗原因）‥‥‥‥‥‥‥30

さ行

最終計画　‥‥‥‥‥‥‥‥‥‥38
サプレッションチャンバー（S/C）
　‥‥‥‥‥‥‥‥‥‥‥‥‥‥190

252

産業盛衰の30周年周期 ………164
JR福知山線脱線事故……………92
ジェット旅客機コメットの
墜落事故 ………………………76
信楽高原鉄道事故 ………………94
思考演算法 ……………………110
思考展開図 ………118、122、136
思考のけもの道 ………………106
思考平面 …………104、106、136
失敗原因の階層性 ………………20
失敗原因の分類………28、30、32
失敗したリーダーの人的原因
　………………………………178
失敗情報の伝達システム ………70
失敗情報の伝達方法 ……………72
失敗情報は減衰する ……………48
失敗情報は神話化する …………54
失敗情報はローカル化する ……52
失敗情報は歪曲化される ………50
失敗知識データベース
　…………………………63、70
失敗対策はトップダウンで
　………………………………154
失敗地図 …………………………56
失敗の閾値 ………………………24
失敗の原因と結果 ………………18
失敗の成長 ………………………25
失敗の知識化 ………………58、60
失敗の定義 ………………………17
失敗の伝達 …………………60、62
失敗の道 ………………………230
失敗の脈絡 ………………………58
失敗のもつ負のイメージ ………14
失敗博物館 ……………………100
失敗発生確率 …………………180
失敗をしたとき組織のトップの
頭に浮かぶこと ………………46

失敗をしたとき当事者の頭に
浮かぶこと ……………………44
失敗を学ぶ効果…………………68
自分の影におびえる …………128
司法取引制度 …………………182
食糧危機 ………………………244
三大事故 …………………76、78
樹木構造 …………………………34
樹木構造の組織 ……………34、38
順演算……………………172、238
順演算思考 ……………………172
常磐線三河島事故 ………………80
情報断絶 ……………………38、40
人事異動による情報断絶 ………40
真の(科学的)理解 ………………66
水素爆発 …196、202、208、210
水平法 …………………………110
SPEEDI ………………………236
制御安全 …………………………88
成功の道 ………………………230
制約条件の変化(失敗原因)……32
潜在失敗 ………………………180
戦時標準船の破壊沈没事故 ……76
千三つの法則 …………………130
組織運営不良(失敗原因)………32
組織・技術の質的変化…………170

た行

第3者による聞き取り …………74
対話法 …………………………110
タコツボ的生き方 ……………148
タコマ橋の崩落事故 ……………78
チェルノブイリ原発事故 ………51
知識化・普遍化…………58、246
知の引き出し …………………124
チャンピオンデータ …………140
中国の脅威 ……………………162

調査・検討の不足（失敗原因）
　………………………………30
懲罰的賠償制度 ………………182
TQC（全社的品質管理）………176
定式 ……………………………102
電源喪失………190、196、198
電力不足 ………………………242
手順の不順守（失敗原因）………30
ドアプロジェクト
　………………86、88、90、100
ドライウェル（D/W）…………190

な行

内的事象 ………………………226
内部告発 ………………………146
新潟中越地震による上越新幹線の
脱線 ……………………………84
2：6：2の法則 ………………142
偽リーダー ……………………156
年齢と能力の関係 ……………138

は行

ハインリッヒの法則
　………………26、152、180
被害最小の原理 ………………144
100年後に耐える ……………246
風評被害 ………………………214
フェールセーフ ………………200
不注意（失敗原因）………………28
ブラッシュアップ ……………108
ブレインストーミング法 ……110
分岐点での判断 ………………158
べからず集 ………………………56
ベンチャービジネス …………178
ベント………………200、204
放射性プルーム ………………212
北陸トンネル火災事故 …………82

本質安全 …………………………88

ま行

マニュアル…………56、170、178
マニュアル化…………170、176
未知（失敗原因）…………………28
見えない壁 ………………………98
見えないリンク …………………36
見ざる・聞かざる・言わざる
　………………………………184
見せない・言わない・触らせない
　………………………………184
未必の故意 ……………………182
無知（失敗原因）…………………28
メルトダウン（炉心溶融）
　…190、196、202、204、208、212
免責 ……………………………182

や行

有事の対処・運営………………236
優秀なリーダー ………………156
よい失敗 …………………………22
"横串を通す"組織運営………236

ら行

リーダーの資質 ………………156
冷却システム …………………199

わ行

悪い失敗 …………………………22

参 考 文 献
（本文・図解に記載されたものを除く）

★は、さらに深く学びたい人の読むべき本

★『続々・実際の設計－失敗に学ぶ－』
畑村洋太郎編著、実際の設計研究会編　日刊工業新聞社　1993年

『実際の設計第4巻－こうして決めた－』
畑村洋太郎編著、実際の設計研究会著　日刊工業新聞社　2002年

『実際の設計第5巻－こう企画した－』
畑村洋太郎編著、実際の設計研究会著　日刊工業新聞社　2004年

★『失敗学のすすめ』畑村洋太郎　講談社　2000年

『機械創造学』畑村洋太郎、小野耕三、中尾政之　丸善　2001年

『失敗を生かす仕事術』畑村洋太郎　講談社現代新書　2002年

『社長のための失敗学』畑村洋太郎　日本実業出版社　2002年

『失敗学の法則』畑村洋太郎　文藝春秋　2002年

『強い会社をつくる失敗学』畑村洋太郎　日本実業出版社　2003年

『大転換思考のすすめ』畑村洋太郎・山田眞次郎　講談社　2003年

『失敗に学ぶものづくり』畑村洋太郎編　文藝春秋　2003年

『「変わる！」思考術』畑村洋太郎編　ＰＨＰ研究所　2004年

『直観でわかる数学』畑村洋太郎　岩波書店　2004年

『東大で教えた社会人学－人生の設計篇』
草間俊介・畑村洋太郎　文藝春秋　2005年

『続 直観でわかる数学』畑村洋太郎　岩波書店　2005年

『畑村式「わかる」技術』畑村洋太郎　講談社現代新書　2005年

★『技術の創造と設計』畑村洋太郎　岩波書店　2006年

『未曾有と想定外』畑村洋太郎　講談社現代新書　2011年

『政府事故調・最終報告書』メディアランド（株）　2012年

『福島原発で何が起こったか』
淵上正朗・笠原直人・畑村洋太郎　日刊工業新聞社　2012年

『福島原発事故はなぜ起こったか』
畑村洋太郎・安部誠治・淵上正朗　講談社　2013年

『設計者に必要なお金の基礎知識―付加価値創造の考え方と手段』
畑村洋太郎・草間俊介・谷本和久・猪狩栄次朗　日刊工業新聞社　2015年

『技術大国幻想の終わり―これが日本の生きる道』
畑村洋太郎　講談社現代新書　2015年

著者略歴
畑村洋太郎（はたむら　ようたろう）

1941年、東京生まれ。東京大学工学部機械工学科修士課程修了。東京大学大学院工学系研究科教授を経て、工学院大学国際基礎工学科教授。東京大学名誉教授。専門は失敗学、創造的設計論、ナノ・マイクロ加工学、知能化加工学。2001年より畑村創造工学研究所を主宰。2002年には特定非営利活動法人「失敗学会」を立ち上げ、初代会長に就任。著書に『失敗学のすすめ』『創造学のすすめ』（講談社）、『失敗学の法則』『決定学の法則』（文藝春秋）、『直観でわかる数学』『続・直観でわかる数学』（岩波書店）、『失敗を生かす仕事術』（講談社現代新書）、編著に『失敗に学ぶものづくり』（講談社）、『実際の設計シリーズ』（日刊工業新聞社）、『危険学』（ナツメ社）など多数。

編集協力　乾坤社（副島初彦）／（有）耕企画
DTP　石川妙子
図版　ASCOT／（株）ウエイド
編集担当　山路和彦：ナツメ出版企画（株）

最新図解　失敗学

2015年 8月30日　初版発行
2015年10月30日　第 2 刷発行

著　者	畑村洋太郎	©Hatamura Yotaro, 2015
発行者	田村正隆	

発行所	株式会社ナツメ社
	東京都千代田区神田神保町1-52 ナツメ社ビル1F （〒101-0051）
	電話　03(3291)1257（代表）　FAX　03(3291)5761
	振替　00130-1-58661
制　作	ナツメ出版企画株式会社
	東京都千代田区神田神保町1-52 ナツメ社ビル3F （〒101-0051）
	電話　03(3295)3921（代表）
印刷所	ラン印刷社

ISBN978-4-8163-5895-1　　　　　　　　　　　　　Printed in Japan
〈定価はカバーに表示しています〉〈落丁・乱丁本はお取り替えします〉

本書に関するお問い合わせは、上記ナツメ出版企画株式会社までお願いいたします。

本書の一部分または全部を著作権法で定められている範囲を超え、ナツメ出版企画株式会社に無断で複写、複製、転載、データファイル化することを禁じます。